자동채점 프로그램과 무료 동영상 강의 제공

iTQ 파워포인트 2021

한정수, IT연구회 지음

IT연구회

해당 분야의 IT 전문 컴퓨터학원과 전문가 선생님들이 최선의 책을 출간하고자 만든 집필/감수 전문연구회로서, 수년간의 강의 경험과 노하우를 수험생 여러분에게 전달하고자 최선을 다하고 있습니다. IT연구회에 참여를 원하시는 선생님이나 교육기관은 ccd770@hanmail.net으로 언제든지 연락주십시오. 좋은 교재를 만들기 위해 많은 선생님들의 참여를 부탁드립니다.

권경철_IT 전문강사
김수현_IT 전문강사
김현숙_IT 전문강사
류은순_IT 전문강사
박봉기_IT 전문강사
문현철_IT 전문강사
송기웅_IT 및 SW전문강사
신영진_신영진컴퓨터학원장
이은미_IT 및 SW전문강사
장명희_IT 전문강사
전미정_IT 전문강사
조정례_IT 전문강사
최은영_IT 전문강사
김미애_강릉컴퓨터교육학원장
엄영숙_권선구청 IT 전문강사
조은숙_동안여성회관 IT 전문강사

김경화_IT 전문강사
김 숙_IT 전문강사
남궁명주_IT 전문강사
민지희_IT 전문강사
박상휘_IT 전문강사
백천식_IT 전문강사
송희원_IT 전문강사
윤정아_IT 전문강사
이천직_IT 전문강사
장은경_ITQ 전문강사
조영식_IT 전문강사
차영란_IT 전문강사
황선애_IT 전문강사
은일신_충주열린학교 IT 전문강사
옥향미_인천여성의광장 IT 전문강사
최윤석_용인직업전문교육원장

김선숙_IT 전문강사
김시령_IT 전문강사
노란주_IT 전문강사
문경순_IT 전문강사
박은주_IT 전문강사
변진숙_IT 전문강사
신동수_IT 전문강사
이강용_IT 전문강사
임선자_IT 전문강사
장은주_IT 전문강사
조완희_IT 전문강사
최갑인_IT 전문강사
김건석_교육공학박사
양은숙_경남도립남해대학 IT 전문강사
이은직_인천대학교 IT 전문강사
홍효미_다산직업전문학교

BM (주)도서출판 성안당

■ 도서 A/S 안내

다운로드 | 학습 자료 내려받기

1. 성안당 사이트(www.cyber.co.kr)에서 로그인한 후 [자료실]을 클릭합니다.

2. 『ITQ』를 입력하고, 『백발백중 파워포인트 2021』을 클릭합니다.

3. 『315-8303-1.zip』과 『315-8303-2.zip』을 클릭하여 자료를 다운로드한 후 반드시 압축 파일을 해제하고 사용합니다.

4. 자료파일 구조

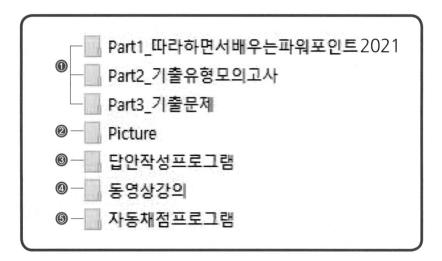

① 소스/정답 파일 : Part1~3까지의 소스/정답 파일을 제공합니다.

② [picture] 폴더 : 답안 작성에 필요한 이미지를 제공합니다.

③ [답안작성프로그램] 폴더 : 답안작성 프로그램 설치파일이 있습니다.

④ [동영상강의] 폴더 : 무료 동영상 강의 파일을 제공합니다.

⑤ [자동채점프로그램] 폴더 : 자동채점 프로그램 설치파일이 있습니다.

※ ③번과 ⑤번 프로그램은 마우스 오른쪽 단추를 클릭하신 후 [관리자 권한 실행]을 클릭하여 설치하시기 바랍니다.

1 웹사이트 채점

1 'http://www.comlicense.kr/' 사이트에 접속한 후 ITQ 파워포인트 2021 표지 아래의 [채점하기] 버튼을 클릭합니다.

> 인터넷 채점은 PC의 설치 환경이나 엑셀 프로그램의 정품 여부에 상관없이 채점이 가능하며, 다양한 학습 서비스가 제공됩니다.
>
> ※ PC 설치 버전에서는 운영체제나 다른 프로그램 및 엑셀 프로그램의 정품 여부에 따라 설치 및 실행 시 에러가 발생할 수 있습니다.

2 '회차선택'에서 문제를 선택한 후 [채점할 파일 선택]에서 작성한 정답 파일을 찾아 선택하고, [열기]를 선택한 후 [채점시작] 버튼을 클릭합니다.

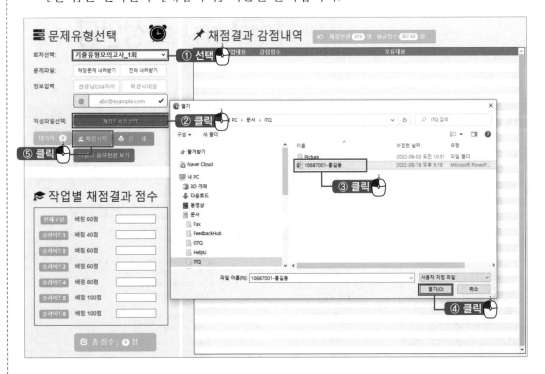

③ 왼쪽의 '작업별 채점결과 점수'에서 문제별 점수를 확인할 수 있고, 오른쪽의 '채점결과 감점내역'에서 문제별 세부 오류 내용을 확인할 수 있습니다.

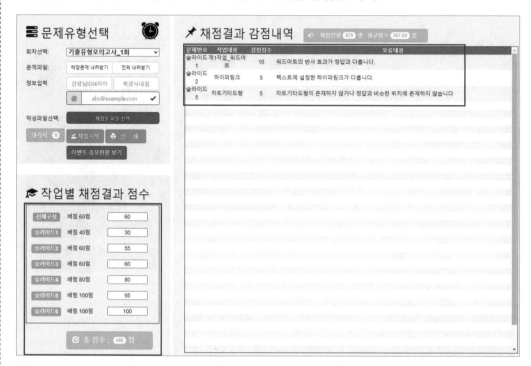

④ 화면 하단의 [해당 회차의 점수별통계 보기]에서는 해당 문제를 채점한 전국 독자들의 점수별 통계를 확인할 수 있고, [해당 회차의 동영상강좌보기]에서는 문제별 저자 직강 무료 동영상 강의를 학습할 수 있습니다. 특히, 화면 상단의 [도움말]에서는 학생들의 단체시험 점수 확인 방법 등 인터넷 채점의 모든 기능을 자세히 확인할 수 있습니다.

2 자동채점 프로그램 설치(PC 버전, 사용 방법은 웹사이트 채점 참고)

① ITQ_엑셀-파워포인트(2021).exe 파일을 마우스 오른쪽 단추로 클릭한 후 [관리자 권한으로 실행] 을 클릭하여 설치합니다.

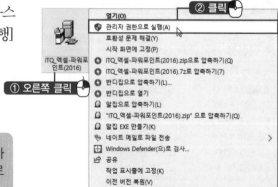

Check Point

실행 파일을 더블클릭하여 설치할 경우 에러가 발생할 수 있으므로, 반드시 [관리자 권한으로 실행]을 클릭하여 설치해야 합니다.

2 [성안당 ITQ 채점프로그램 설치] 대화상자에서 [다음]을 클릭합니다.

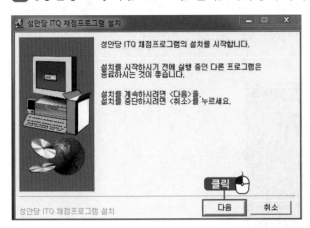

3 [성안당 ITQ 채점프로그램 설치] 대화상자에서 프로그램을 설치할 폴더를 확인한 후 [설치 시작]을 클릭합니다.

4 설치가 완료되면 컴퓨터를 재시작하여 설치를 완료합니다.

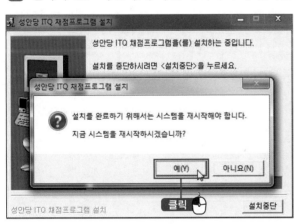

단계 1 | 답안작성 프로그램 설치

1 [자료실]에서 다운로드한 'KOAS수험자용(성안당)' 파일을 더블클릭한 후 그림과 같이 설치 화면이 나오면 [다음] 단추를 클릭합니다.

2 프로그램 설치 폴더를 확인한 후 [설치시작] 단추를 클릭합니다.

3 설치가 끝나면 [확인] 단추를 클릭합니다.

4 바탕화면에 'ITQ 수험자용' 바로 가기 아이콘 이 생성됩니다.

※ 기존 답안작성 프로그램을 삭제하지 않고 ITQ의 다른 과목(엑셀, 파워포인트)에 수록된 답안 작성 프로그램을 중복 설치해 사용해도 됩니다.

단계 2　답안작성 프로그램 사용

1 바탕화면의 'KOAS 수험자용' 바로 가기 아이콘 📵을 더블클릭하여 실행합니다.

2 [수험자 등록] 대화상자에 수험번호를 입력하고 [확인] 단추를 클릭합니다(문제지의 수험번호를 입력합니다).

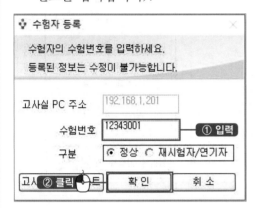

3 시험 버전을 선택하고 [확인] 단추를 클릭합니다.

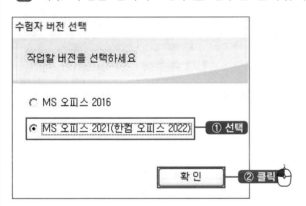

4 [수험자 정보] 창에서 수험번호, 성명, 수험과목, 좌석번호, 답안폴더를 확인하고 [확인] 단추를 클릭합니다.

5 감독관의 지시하에 시험이 시작되면 키보드의 아무 키나 클릭하여 시험을 시작합니다. 바탕화면의 오른쪽 상단에 답안작성 프로그램이 나타납니다.

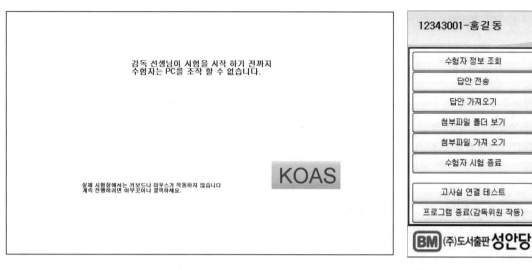

Check **P**oint

답안작성 프로그램의 각 단추 설명

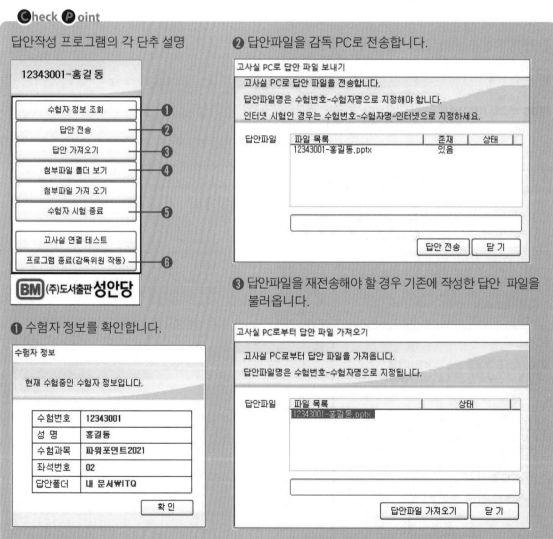

① 수험자 정보를 확인합니다.

② 답안파일을 감독 PC로 전송합니다.

③ 답안파일을 재전송해야 할 경우 기존에 작성한 답안 파일을 불러옵니다.

❻heck ❼oint

❹ 시험에 사용될 그림 파일을 확인합니다.

❺ [수험자 시험 종료] 단추 : 답안 전송을 하고 시험을 종료하려면 수험자가 클릭합니다.

❻ [프로그램 종료(감독위원 작동)] 단추 : 실제 시험장에서 감독 위원이 사용하는 단추이므로 수험자는 사용하지 않습니다.

※ 답안작성 프로그램은 수험자의 이해를 돕기 위한 프로그램으로 네트워크 기능이 없습니다.

6 답안 작성은 파워포인트를 실행한 후 답안을 작성하며, '내 PC₩문서₩ITQ' 폴더에 저장합니다(수험번호-성명.확장자).

7 답안 작성이 끝났으면 답안작성 프로그램의 [답안 전송] 단추를 클릭한 후 파일을 확인하고 [답안 전송] 단추를 클릭합니다.

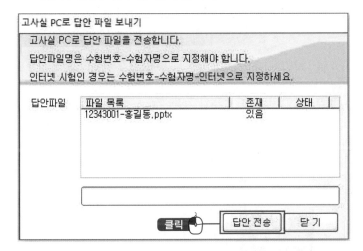

8 정답 파일이 정상적으로 감독 PC로 전송되면 상태에 '성공'이라고 표시됩니다. [닫기] 단추를 클릭합니다.

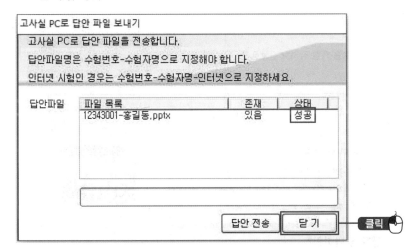

9 답안 전송이 끝났으면 [수험자 수험 종료] 단추를 클릭한 후 [ITQ 종료]와 [예]를 클릭하여 시험을 종료합니다.

[공통사항]

1. KOAS 전송시 주의사항

※ 온라인 답안 작성 절차

수험자 등록 ▶ 시험 시작 ▶ 수시로 답안 파일 저장 ▶ 답안 전송 ▶ 시험 종료

2. 모든 작업을 완성했는데 0점 처리되는 경우

대부분 최종 작업에서 저장하지 않고 KOAS로 전송했을 경우에 해당됩니다. 반드시 저장한 후 전송하세요.

[ITQ 파워포인트 감점 유의사항]

1. 텍스트 및 동영상의 배치 감점

제목과 바닥글 영역을 뺀 슬라이드 영역을 9등분 하여 배치를 맞춥니다. 예제의 경우 그림은 3범위 내에 있어야 정답 처리됩니다(아래 문제의 경우).

출력형태

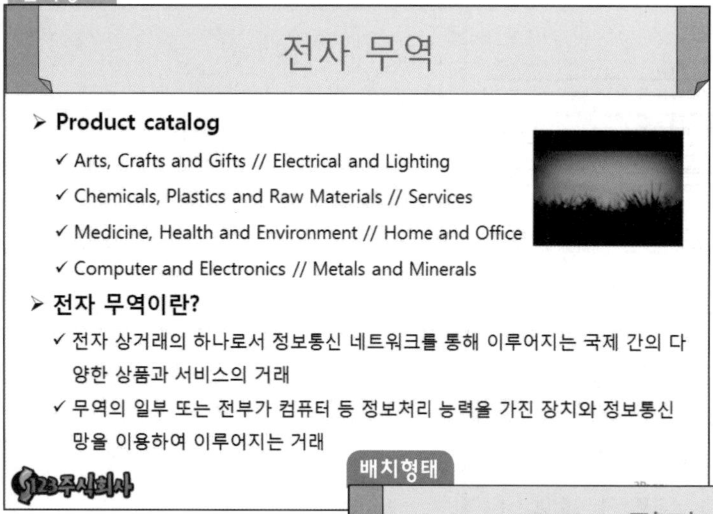

배치형태

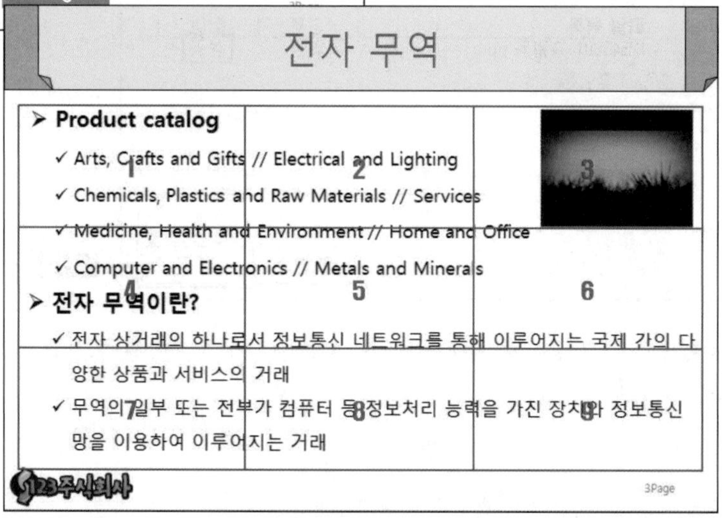

2. 내어쓰기 감점

슬라이드3의 텍스트 상자는 눈금자를 이용하여 출력형태와 동일하게 작성하셔야 정답 처리되나, 자동개행하여 오른쪽 부분이 맞춰지지 않는 부분은 감점되지 않습니다(단, 오른쪽 부분을 맞추기 위해 텍스트 상자 크기를 조절하거나, `Shift` + `Enter` 키를 이용하여 개행하여도 무방합니다)

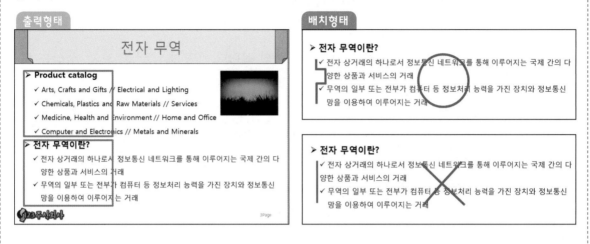

3. 차트

5번 슬라이드 차트는 지시사항대로 작성한 후에 반드시 출력형태와 비교하여 세부항목을 맞춰야 감점되지 않습니다.

- 감점1 : Y축 눈금선 없음 미적용
- 감점2 : 데이터 레이블 표시 미적용
- 감점3 : 소수점 자릿수 틀림

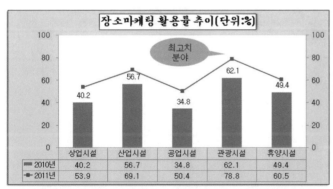

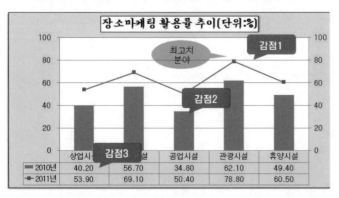

[ITQ 파워포인트 Q&A]

Q1 도형의 윤곽선 및 색상

A1 도형 작성 시 기본값으로 작성하셔도 되며 출력형태를 고려하여 수험자가 보기 좋게 선 두께 및 색상을 변경하셔도 됩니다. 이는 채점 대상이 아닙니다.

Q2 슬라이드 쪽번호 글꼴 및 크기

A2 출력형태를 고려하여 수험자가 임의로 지정하면 됩니다. 쪽번호의 글꼴, 크기, 색상은 채점대상이 아닙니다.

Q3 슬라이드마스터 작성 시 레이아웃

A3 슬라이드마스터 작성은 지정된 레이아웃이 있는 것이 아닙니다. 어떤 레이아웃에 작성하던지 출력형태와 동일하게 작성하면 됩니다.

Q4 슬라이드3 – 영문텍스트를 입력 못 할 경우

A4 파워포인트의 텍스트 슬라이드는 영문/한글 따로 오타 채점됩니다.

Q5 슬라이드6 – 도형 채점

A5 도형 슬라이드에서는 도형명이 지시되어 있는 것이 아니므로 출력형태가 동일한 도형이라면 모두 정답 처리됩니다. 또한 텍스트 상자를 입력하여 작성해도 되며, 도형 안에 텍스트를 입력하여 작성해도 됩니다. 텍스트 색상은 흑백이 구분됨으로 스마트아트와 도형의 텍스트 색상은 출력형태와 동일하게 흑백 구분하여 작성해야 감점되지 않습니다.

1. ITQ 시험과목

자격종목(과목)		프로그램 및 버전		등급	시험방식	시험시간
		S/W	공식버전			
ITQ정보 기술자격	아래한글	한컴오피스	2022/2020	A등급 B등급 C등급	PBT	60분
	한셀		2022			
	한쇼					
	MS워드	MS오피스	2021 2016			
	한글엑셀					
	한글액세스					
	한글파워포인트					
	인터넷	내장브라우저 IE8.0 이상				

※ PBT(Paper Based Testing) : 시험지를 통해 문제를 해결하는 시험방식

2. 시험 검정기준

A등급	B등급	C등급
500점 ~ 400점	399점 ~ 300점	299점 ~ 200점

3. 시험 출제기준

검정과목	문항	배점	출제기준
한글 파워포인트 /한쇼	전체 구성	60점	※전체 슬라이드 구성 내용을 평가 • 슬라이드 크기, 슬라이드 개수 및 순서, 슬라이드 번호, 그림 편집, 슬라이드 마스터 등 전체적인 구성 내용을 평가
	1. 표지 디자인	40점	※도형과 그림 이용한 제목 슬라이드 작성 능력 평가 • 도형 편집 및 그림 삽입, 도형 효과 • 워드아트(워드숍) • 로고삽입(투명한 색 설정 기능 사용)
	2. 목차 슬라이드	60점	※목차에 따른 하이퍼링크와 도형, 그림 배치 능력을 평가 • 도형 편집 및 효과 • 하이퍼링크　　　• 그림 편집
	3. 텍스트/동영상 슬라이드	60점	※테스트 간의 조화로운 배치 능력을 평가 • 텍스트 편집 / 목록수준 조절 / 글머리 기호 / 내어쓰기 • 동영상 삽입
	4. 표 슬라이드	80점	※파워포인트 내에서의 표 작성 능력 평가 • 표 삽입 및 편집 • 도형 편집 및 효과
	5. 차트 슬라이드	100점	※프리젠테이션을 위한 차트를 작성할 수 있는 종합 능력 평가 • 차트 삽입 및 편집　　　• 도형 편집 및 효과
	6. 도형 슬라이드	100점	※도형을 이용한 슬라이드 작성 능력 평가 • 도형 및 스마트아트 이용 : 실무에 활용되는 다양한 도형 작성 • 그룹화 / 애니메이션 효과

목 차

(무료 동영상)

Part 01 따라하면서 배우는 파워포인트

(무료 동영상)

Part 02 기출유형 모의고사

(무료 동영상)

Part 03 기출문제

[자료 파일]
- 소스 및 정답 파일
- 무료 동영상 강의
- 자동채점 프로그램 및 답안작성 프로그램

※[자료실]에서 다운로드하여 사용하세요(1-3쪽 참조).

PART 1

따라하면서 배우는 파워포인트 2021

기출문제를 따라해 보면서 시험의 시작부터 마무리까지
진행 절차와 필요 기능을 학습합니다.
이 책에서는 슬라이드 2~6을 '제목 및 내용' 슬라이드로
작성하는 방법으로 해설하였습니다.
※정답 파일과 동영상 강의는 [자료실]에서 다운로드하세요.

전체 구성

무료 동영상

수험자 유의사항, 답안 작성요령, 전체 구성의 지시사항을 수행합니다. 특히 슬라이드 마스터를 이용하여 전체 슬라이드를 구성하고, 그림(로고) 배경을 투명색으로 지정합니다.

● 정답 파일 : Section00(정답).pptx

전체구성(60점)

(1) 슬라이드 크기 및 순서 : 크기를 A4 용지로 설정하고 슬라이드 순서에 맞게 작성한다.
(2) 슬라이드 마스터 : 2~6슬라이드의 제목, 하단 로고, 슬라이드 번호는 슬라이드 마스터를 이용하여 작성한다.
  - 제목 글꼴(돋움, 40pt, 흰색), 왼쪽 맞춤, 도형(선 없음)
  - 하단 로고(「내 PC\문서\ITQ\Picture\로고2.jpg」 배경(회색) 투명색으로 설정)

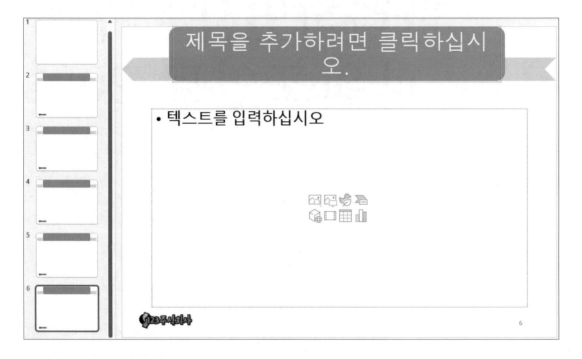

핵심 체크

① 슬라이드 크기 지정 : [디자인] 탭-[사용자 지정] 그룹-[슬라이드 크기 ▢]-[사용자 지정 슬라이드 크기]에서 A4(210*297mm) 지정
② 슬라이드 2~6 구성 : [홈] 탭-[슬라이드] 그룹-[새 슬라이드 ▤]를 클릭하여 5개의 슬라이드 삽입(제목 슬라이드 포함 총 6개의 슬라이드)
③ 슬라이드 마스터 작성 : [보기] 탭-[마스터 보기] 그룹-[슬라이드 마스터 ▤]에서 제목 도형과 로고 그림 작업
④ 슬라이드 번호 지정 : [삽입] 탭-[텍스트] 그룹의 [머리글/바닥글 ▤]에서 설정
⑤ 파일 저장 : 「내 PC\문서\ITQ\」 폴더에 파일 저장

> ※ 작성 순서
> 페이지 설정 → 슬라이드 구성 → 슬라이드 마스터 → 파일 저장

1 [시작 ⊞] 단추를 클릭하고 PowerPoint 2021 프로그램을 클릭하여 파워포인트 2021을 실행합니다. [새 프레젠테이션]을 클릭하거나 Esc 키를 눌러 작업할 프레젠테이션 문서를 엽니다.

2 슬라이드 크기를 지정하기 위해 [디자인] 탭의 [사용자 지정] 그룹에서 [슬라이드 크기 ▭]-[사용자 지정 슬라이드 크기]를 클릭합니다. [슬라이드 크기] 대화상자에서 슬라이드 크기를 'A4 용지(210*297mm)'로 지정하고 [확인] 단추를 클릭한 후 [맞춤 확인] 단추를 클릭합니다.

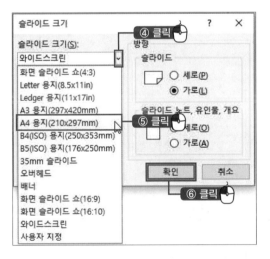

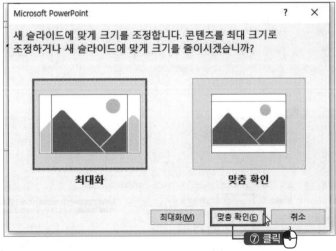

3 [홈] 탭의 [슬라이드] 그룹에서 [새 슬라이드 ▥] 도구를 다섯 번 클릭하거나 Enter 키를 다섯 번 눌러 슬라이드 2~6을 추가합니다.

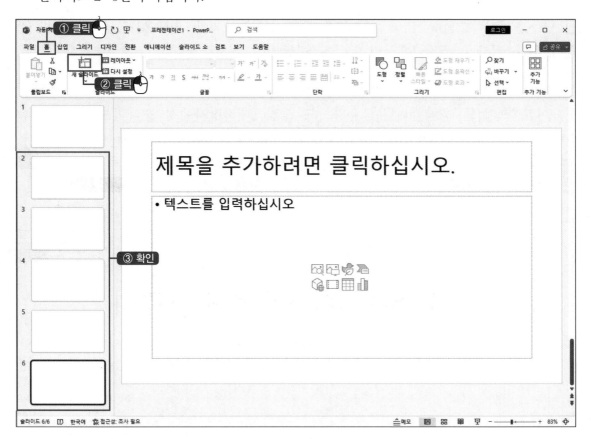

Check **P**oint

슬라이드 추가 방법
① [새 슬라이드 ▥] 도구 클릭   ② Enter 키 클릭   ③ Ctrl + M 키 클릭

Check **P**oint

• [홈] 탭의 [슬라이드] 그룹에서 [새 슬라이드] 도구를 클릭만 하면 자동적으로 '제목 및 내용' 슬라이드가 삽입됩니다. 다만, 이전에 새로 삽입된 레이아웃이 있다면 해당 레이아웃으로 삽입됩니다.

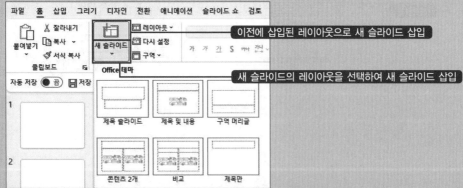

• 슬라이드 레이아웃 : 1번 슬라이드만 '빈 화면'이고 나머지 슬라이드는 모두 '제목 및 내용' 슬라이드로 구성합니다.
• 6개의 슬라이드 레이아웃 구성은 위와 같이 항상 동일하며 레이아웃을 구성한 후 곧바로 저장작업을 합니다.

1 [보기] 탭-[마스터 보기] 그룹-[슬라이드 마스터 目] 도구를 클릭합니다.

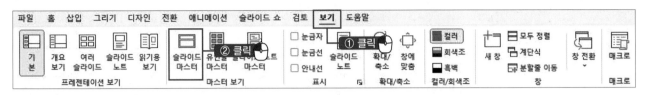

2 왼쪽 레이아웃 창에서 '제목 및 내용 레이아웃: 슬라이드 2-6에서 사용'을 클릭한 후 '마스터 제목 스타일 편집' 텍스트 상자를 아래로 드래그하여 이동시킵니다.

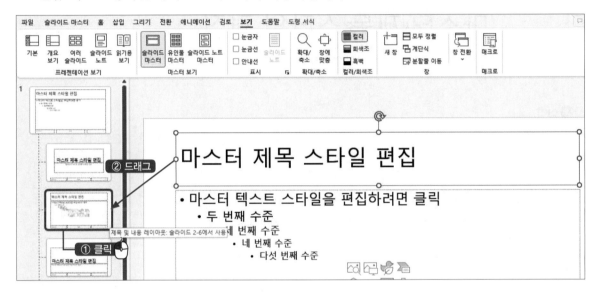

Check Point

도형 작업을 편하게 하기 위해 '마스터 제목 스타일 편집' 텍스트 상자를 이동시키는 것이 좋습니다.

3 [삽입] 탭-[일러스트레이션] 그룹-[도형 ⬜]의 블록 화살표에서 '화살표: 갈매기형 수장' 도형을 선택합니다.

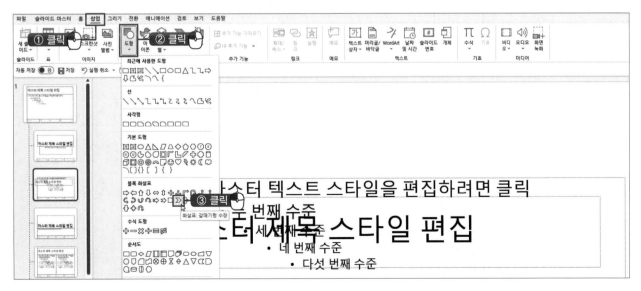

4 슬라이드 왼쪽 상단에서 마우스 포인트가 [+] 모양으로 변하면 오른쪽으로 드래그하여 《출력형태》와 같이 도형을 삽입합니다.

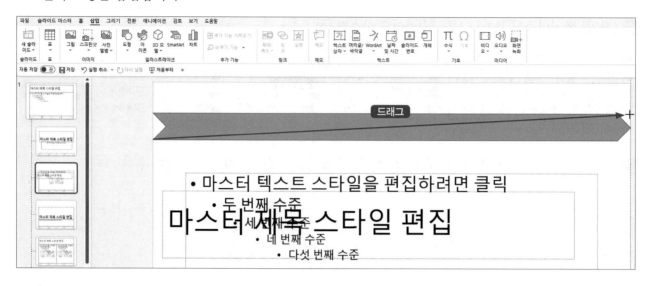

Check Point

도형의 크기나 위치를 정확히 작성할 때는 [보기] 탭-[표시] 그룹에서 '눈금선'이나 '안내선'에 체크한 후 작업하는 것이 좋습니다. 눈금선이나 안내선은 화면에 표시만 될 뿐 다른 영향은 없습니다.

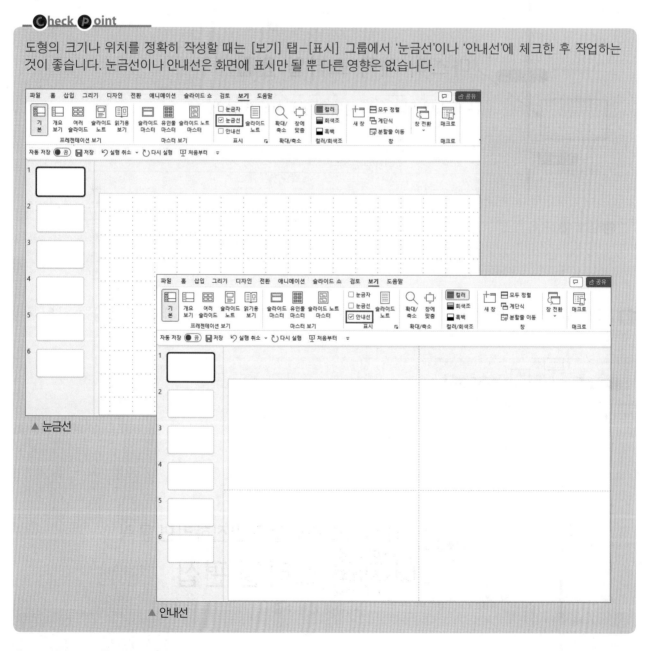

▲ 눈금선

▲ 안내선

5 삽입된 도형의 위치를 바꾸기 위해 [도형 서식] 탭-[정렬] 그룹-[회전 △]-[좌우 대칭]을 클릭합니다.

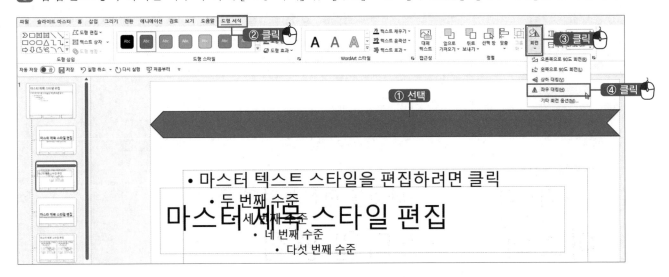

6 도형이 선택된 상태에서 [도형 서식] 탭-[도형 스타일] 그룹-[도형 채우기 ♨]에서 임의로 다른 색 (파랑, 강조 5, 60% 더 밝게)을 지정합니다.

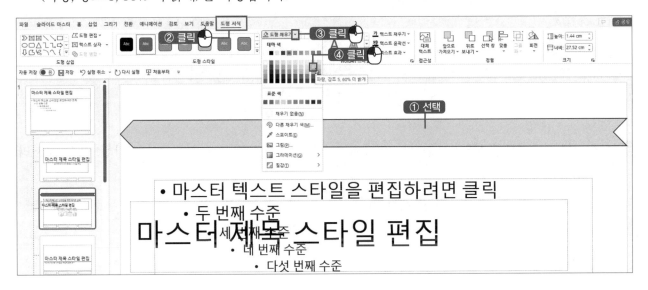

7 도형이 선택된 상태에서 [도형 서식] 탭-[도형 스타일] 그룹-[도형 윤곽선 ✐]에서 '윤곽선 없음'을 지정합니다.

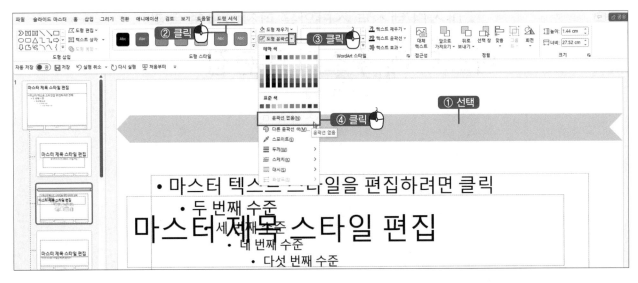

- 도형에 텍스트 서식(글꼴, 글꼴 크기, 글꼴 색, 굵게 등)과 도형 서식(윤곽선 유무, 윤곽선 색과 두께 등)을 작성하고 마우스 오른쪽 버튼을 눌러 바로가기 메뉴에서 [기본 도형으로 설정]을 클릭하면, 이후 작성하는 도형에는 같은 텍스트 서식과 도형 서식이 적용되므로 작업 시간을 단축할 수 있습니다.

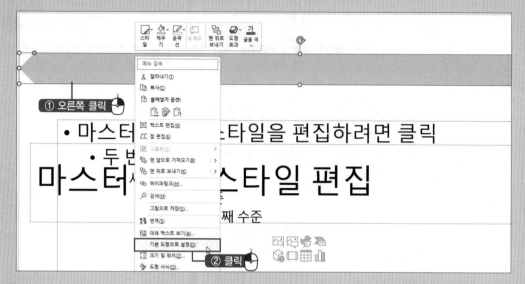

- 실제 시험에서 슬라이드 1~6까지의 도형을 확인하고 적절하게 [기본 도형으로 설정] 메뉴를 이용하면 시간을 단축할 수 있습니다.
- 해당 문제에서는 슬라이드 마스터와 슬라이드 2의 도형에 윤곽선이 없고, 슬라이드 4와 슬라이드 6에는 윤곽선이 있으므로 필요에 따라 [기본 도형으로 설정] 메뉴를 선택합니다.

8 [도형 서식] 탭-[도형 삽입] 그룹에서 [자세히 ⊽] 단추를 클릭한 후 사각형에서 '사각형: 둥근 모서리' 도형을 선택합니다.

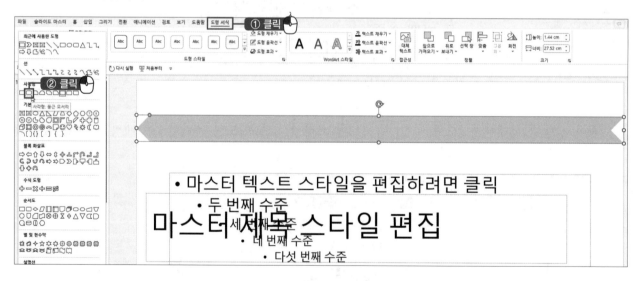

9 슬라이드 왼쪽 상단에서 마우스 포인트가 [+] 모양으로 변하면 오른쪽으로 드래그하여 《출력형태》와 같이 도형을 삽입합니다.

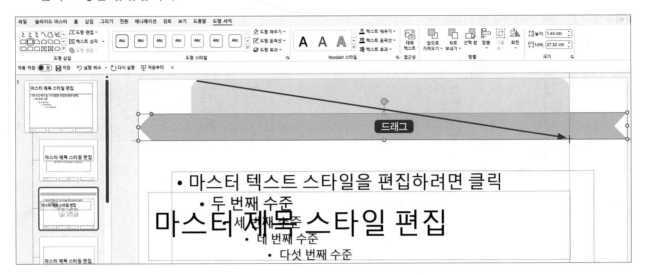

**C**heck **P**oint

도형을 처음 삽입할 경우 [삽입] 탭-[일러스트레이션] 그룹-[도형 📑] 메뉴나 [홈] 탭-[그리기] 그룹을 이용하고, 도형을 선택한 상태에서는 [도형 서식] 탭-[도형 삽입] 그룹을 이용하는 것이 좋습니다.

10 도형이 선택된 상태에서 [도형 서식] 탭-[도형 스타일] 그룹-[도형 채우기 🖌]에서 임의로 다른 색 (주황, 강조 2)을 지정하고, [도형 윤곽선 🖊]에서 '윤곽선 없음'을 지정합니다.

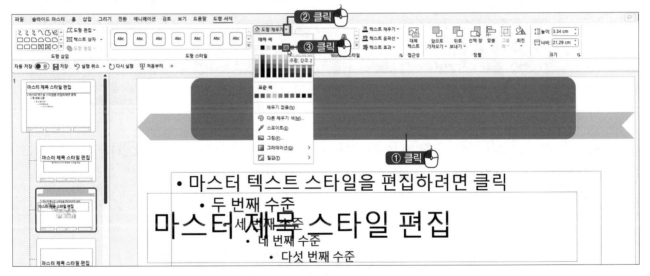

**C**heck **P**oint

도형 작성 시 기본값으로 작성해도 되며 출력형태를 고려하여 수험자가 보기 좋게 선 두께 및 색상을 변경해도 됩니다. 다만, 도형의 색상, 윤곽선, 두께는 채점 대상이 아닙니다.

11 텍스트 상자를 선택하고 [홈] 탭–[글꼴] 그룹에서 '글꼴 : 돋움', ' 글꼴 크기 : 40pt', ' 글꼴 색 : 흰색', '가운데 맞춤 ☰'으로 설정합니다.

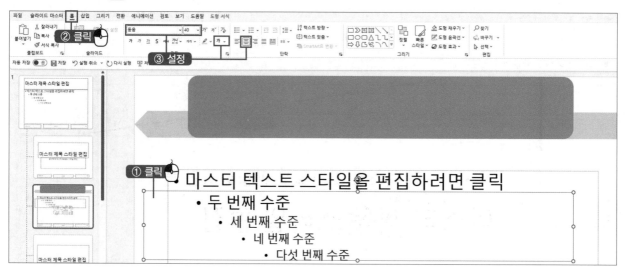

12 텍스트 상자를 '사각형: 둥근 모서리' 위로 위치시킨 후 [도형 서식] 탭–[정렬] 그룹–[앞으로 가져오기 ▣] –[맨 앞으로 가져오기 ▣]를 실행합니다. 조절점(○) 등을 이용하여 《출력형태》와 같이 위치와 크기를 조정합니다.

13 그림을 삽입하기 위하여 [삽입] 탭–[이미지] 그룹–[그림 🖼]–[이 디바이스...(D) 🖳]를 선택합니다.

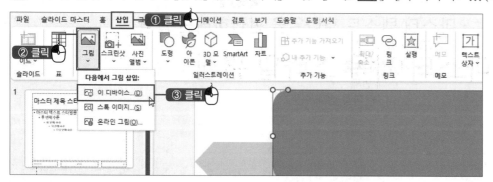

14 [그림 삽입] 대화상자에서 「내 PC\문서\ITQ\Picture」 폴더에 있는 '로고2.jpg' 그림 파일을 선택하고 [삽입] 단추를 클릭합니다.

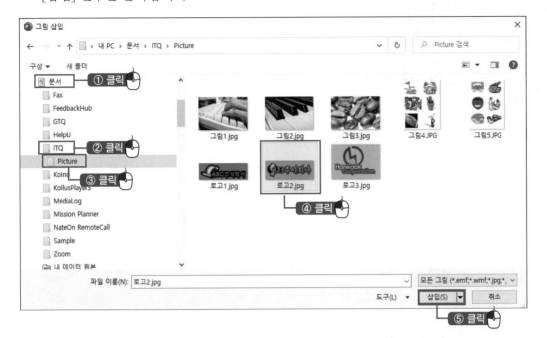

Check Point

시험장에 설치된 PC에는 해당 경로에 [Picture] 폴더가 있지만, 개인 사용자는 성안당 자료실에서 다운로드한 자료 중 '답안작성프로그램'을 설치하거나 [내 PC\문서\ITQ\Picture] 폴더를 만든 후 [Picture] 폴더의 파일을 복사하여 작성합니다.

15 삽입된 로고를 선택한 후 [그림 서식] 탭-[조정] 그룹-[색]-[투명한 색 설정]을 클릭합니다.

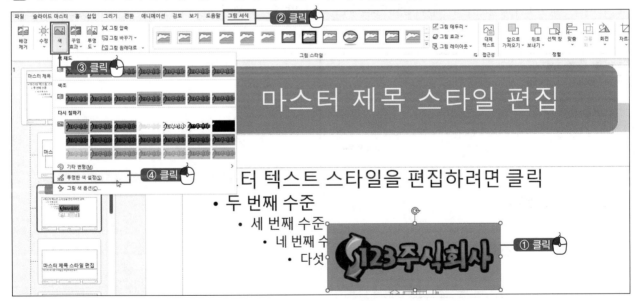

16 '로고2.jpg' 이미지의 배경(회색) 부분을 클릭하면 배경이 투명하게 바뀝니다.

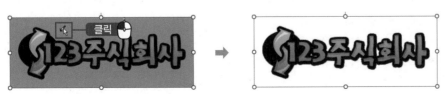

17 왼쪽 하단으로 이미지를 이동시킨 후 조절점(○)을 이용하여 크기를 《출력형태》와 같이 조절합니다.

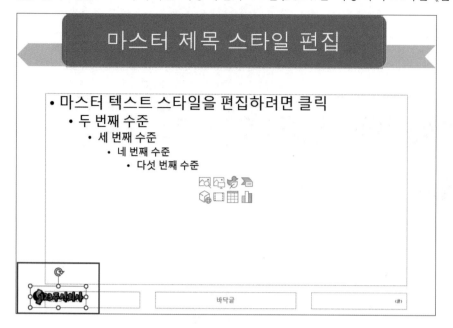

18 슬라이드 번호를 지정하기 위해 [삽입] 탭-[텍스트] 그룹-[머리글/바닥글 📄] 도구를 클릭합니다.

19 [머리글/바닥글] 대화상자의 [슬라이드] 탭에서 '슬라이드 번호'에 체크 표시하고, 제목 슬라이드에는 번호를 표시하지 않기 위해 '제목 슬라이드에는 표시 안 함'에 체크 표시한 후 [모두 적용] 단추를 클릭합니다.

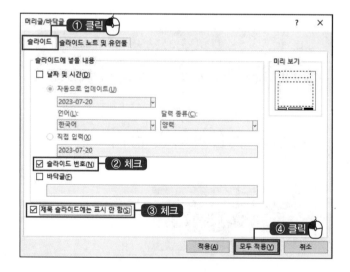

20 슬라이드 마스터 작업이 끝나면 [슬라이드 마스터] 탭에서 [마스터 보기 닫기 ⊠] 단추를 클릭합니다.

21 슬라이드 2~슬라이드 6까지 제목 도형, 로고, 페이지 번호가 제대로 적용되었는지 확인합니다.

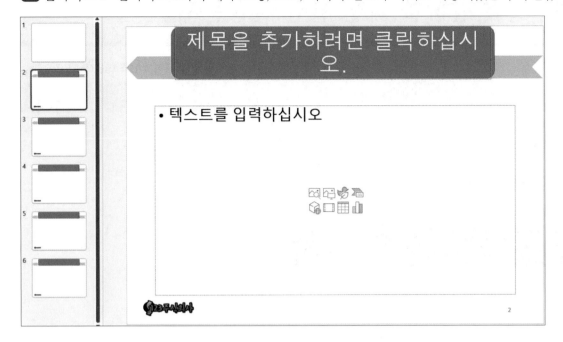

Check Point

- [머리글/바닥글] 대화상자에서 '제목 슬라이드에는 표시 안 함'에 체크를 했기 때문에 슬라이드 1에는 페이지 번호가 없습니다.

22 [빠른 실행] 도구 모음의 [저장 🖫] 도구를 클릭합니다(또는 Ctrl + S 키).

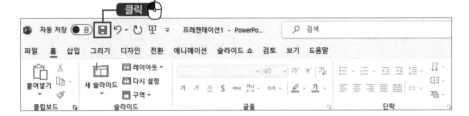

23 [다른 이름으로 저장]–[찾아 보기] 메뉴를 클릭합니다. [다른 이름으로 저장하기] 대화상자에서 [내 PC₩문서₩ITQ] 폴더를 지정한 후 파일 이름에 '수험번호–성명'형식으로 입력하고 [저장] 단추를 클릭합니다.

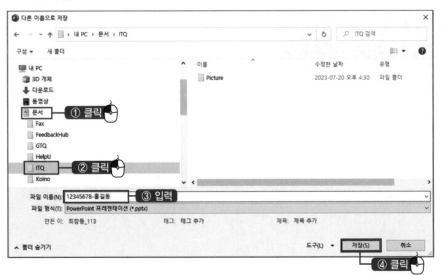

Check Point

- 처음 저장할 경우 저장할 경로와 파일 이름을 입력해야 하지만, 두 번째 저장부터는 바로 저장됩니다.
- 작업 도중 불의의 사고로 작업 내용이 저장되지 않을 수 있으므로 작업 도중 수시로 저장하는 것이 좋습니다.

● 정답 파일 : 12645678-성안당.pptx

01 다음 조건을 적용하여 슬라이드를 작성하시오.

(1) '내 PCW문서WITQ' 폴더에 '12345678-성안당'으로 저장하시오.
(2) 슬라이드의 크기는 A4 용지로 설정하시오.
(3) 2~6슬라이드의 제목 하단 로고 슬라이드 번호는 슬라이드 마스터를 이용하여 작성한다.
　　- 제목 글꼴(돋움, 40pt, 흰색), 가운데 맞춤, 도형(선 없음)
　　- 하단 로고(「내 PCW문서WITQWPictureW로고2.jpg」, 배경(회색) 투명색으로 설정)

● 정답 파일 : 12645678-김수연.pptx

02 다음 조건을 적용하여 슬라이드를 작성하시오.

(1) '내 PCW문서WITQ' 폴더에 '12345678-김수연'으로 저장하시오.
(2) 슬라이드의 크기는 A4 용지로 설정하시오.
(3) 2~6슬라이드의 제목 하단 로고 슬라이드 번호는 슬라이드 마스터를 이용하여 작성한다.
　　- 제목 글꼴(돋움, 40pt, 흰색), 가운데 맞춤, 도형(선 없음)
　　- 하단 로고(「내 PCW문서WITQWPictureW로고2.jpg」, 배경(회색) 투명색으로 설정)

● 정답 파일 : 12645678-한정수.pptx

O3 다음 조건을 적용하여 슬라이드를 작성하시오.

(1) '내 PC\문서\ITQ' 폴더에 '12345678-한정수'로 저장하시오.
(2) 슬라이드의 크기는 A4 용지로 설정하시오.
(3) 2~6슬라이드의 제목 하단 로고 슬라이드 번호는 슬라이드 마스터를 이용하여 작성한다.
  - 제목 글꼴(돋움, 40pt, 흰색), 가운데 맞춤, 도형(선 없음)
  - 하단 로고(「내 PC\문서\ITQ\Picture\로고2.jpg」, 배경(회색) 투명색으로 설정)

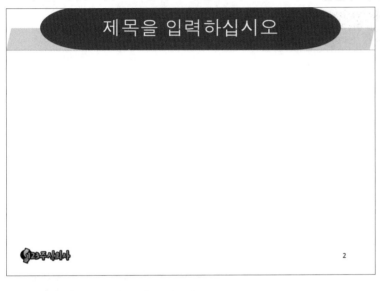

● 정답 파일 : 12645678-류현진.pptx

O4 다음 조건을 적용하여 슬라이드를 작성하시오.

(1) '내 PC\문서\ITQ' 폴더에 '12345678-류현진'으로 저장하시오.
(2) 슬라이드의 크기는 A4 용지로 설정하시오.
(3) 2~6슬라이드의 제목 하단 로고 슬라이드 번호는 슬라이드 마스터를 이용하여 작성한다.
  - 제목 글꼴(궁서, 40pt, 흰색), 왼쪽 맞춤, 도형(선 없음)
  - 하단 로고(「내 PC\문서\ITQ\Picture\로고2.jpg」, 배경(회색) 투명색으로 설정)

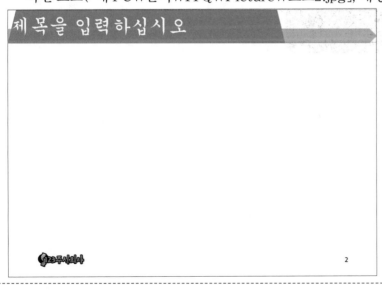

● 정답 파일 : 12645678-김태희.pptx

05 다음 조건을 적용하여 슬라이드를 작성하시오.

(1) '내 PC₩문서₩ITQ' 폴더에 '12345678-김태희'로 저장하시오.
(2) 슬라이드의 크기는 A4 용지로 설정하시오.
(3) 2~6슬라이드의 제목 하단 로고 슬라이드 번호는 슬라이드 마스터를 이용하여 작성한다.
   - 제목 글꼴(굴림, 40pt, 흰색), 가운데 맞춤, 도형(선 없음)
   - 하단 로고(「내 PC₩문서₩ITQ₩Picture₩로고1.jpg」, 배경(회색) 투명색으로 설정)

● 정답 파일 : 12645678-김새롬.pptx

06 다음 조건을 적용하여 슬라이드를 작성하시오.

(1) '내 PC₩문서₩ITQ' 폴더에 '12345678-김새롬'으로 저장하시오.
(2) 슬라이드의 크기는 A4 용지로 설정하시오.
(3) 2~6슬라이드의 제목 하단 로고 슬라이드 번호는 슬라이드 마스터를 이용하여 작성한다.
   - 제목 글꼴(궁서, 40pt, 흰색), 왼쪽 맞춤, 도형(선 없음)
   - 하단 로고(「내 PC₩문서₩ITQ₩Picture₩로고2.jpg」, 배경(회색) 투명색으로 설정)

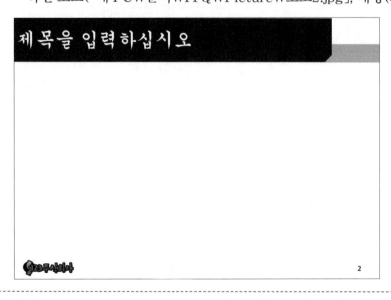

배점 **40** 점

| 무료 동영상 |

[슬라이드 1] 표지 디자인

6개의 슬라이드를 만든 후 첫 번째 슬라이드를 선택하고 도형, 워드아트, 그림을 이용하여 표지 디자인을 완성합니다.

● 정답 파일 : Section01(정답).pptx

[슬라이드 1] 표지 디자인
(1) 표지 디자인 : 도형, 워드아트 및 그림을 이용하여 작성한다.

세부조건

① 도형 편집
- 도형에 그림 채우기 :
「내 PC₩문서₩ITQ₩
Picture₩그림1.jpg」,
투명도 50%
- 도형 효과 : 부드러운
가장자리 5포인트

② 워드아트 삽입
- 변환 : 갈매기형 수장,
아래로
- 글꼴 : 돋움, 굵게
- 텍스트 반사 : 1/2 반사,
터치

③ 그림 삽입
- 「내 PC₩문서₩ITQ₩
Picture₩로고2.jpg」
- 배경(회색) 투명색으로
설정

핵심 체크

1. 도형 작성 : [삽입] 탭-[일러스트레이션] 그룹-[도형 ⬚]에서 도형 작성
2. 그림 채우기 및 투명도 : [도형 서식] 탭-[도형 스타일] 그룹-[도형 채우기 🖌]-[그림 🖼]-[파일에서] → [그림 서식] 탭-[조정] 그룹-[투명도 🔲]에서 지정
3. 도형 효과 : [도형 서식] 탭-[도형 스타일] 그룹-[도형 효과 ◪]에서 부드러운 가장자리 효과 지정
4. 워드아트 작성 : [삽입] 탭-[텍스트] 그룹-[WordArt 📝]에서 워드아트 작성 → [도형 서식] 탭-[WordArt 스타일]에서 글꼴 및 효과 설정
5. 그림 삽입 : [삽입] 탭-[이미지] 그룹-[그림 🖼]-[이 디바이스]에서 그림 삽입 → [그림 서식] 탭-[조정] 그룹-[색 🖼]-[투명한 색 설정 🔳]에서 배경(투명) 설정

※ 시험지에는 모든 도형이 흑백으로 표시되므로 전체적인 균형을 고려하여 도형의 색상을 임의로 지정합니다. 글꼴 크기 등의 지시사항에 없는 부분은 《출력형태》를 고려하여 작업합니다.

※ 작성 순서
도형 작성(그림 채우기, 도형 효과) → 워드아트 작성 → 그림 삽입 및 배경(투명) 설정

1 슬라이드 1의 작업 창에서 [Ctrl]+[A]키를 눌러 제목 텍스트 상자와 부제목 텍스트 상자를 선택한 후 [Delete] 키를 눌러 삭제합니다.

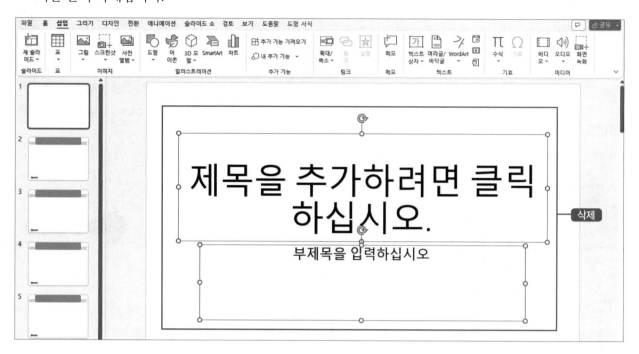

Check Point

- [홈] 탭의 [슬라이드] 그룹에서 [레이아웃 📋]을 클릭하여 '빈 화면' 슬라이드를 선택해도 제목과 부제목 상자가 사라집니다.
- 슬라이드 1 표지 슬라이드는 도형과 WordArt를 이용하여 작업하기 때문에 제목 및 부제목 입력상자를 삭제합니다.
- 단축키 : [Ctrl]+[A](모든 개체 선택)+[Delete]

2 [삽입] 탭-[일러스트레이션] 그룹-[도형 🔲]의 사각형에서 '사각형: 둥근 한쪽 모서리' 도형을 선택한 후 《출력형태》처럼 드래그하여 도형을 삽입합니다.

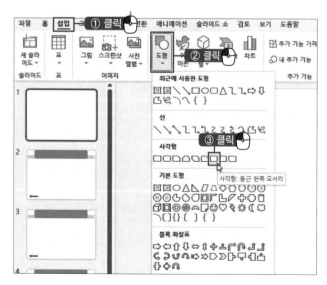

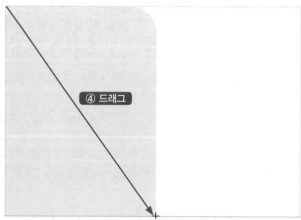

3 '사각형: 둥근 한쪽 모서리' 도형에서 바로가기 메뉴(마우스 오른쪽 버튼 클릭)의 [채우기 ◇] 메뉴를
클릭한 후 [그림 ☒] 메뉴를 클릭하고, [그림 삽입] 대화상자에서 [파일에서]를 클릭합니다.

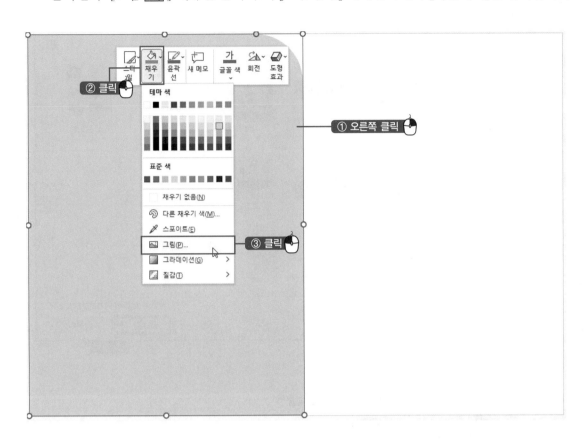

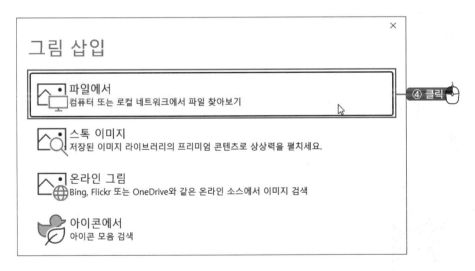

Check **P**oint

도형이 선택된 상태에서 [그림 서식] 탭-[도형 스타일] 그룹-[도형 채우기 ◇]-[그림 ☒]-[파일에서] 메뉴를
이용하여 그림을 삽입해도 됩니다.

4 [내 PCW문서WITQWPicture] 폴더에서 '그림1.jpg'를 선택하고 [삽입] 단추를 클릭합니다.

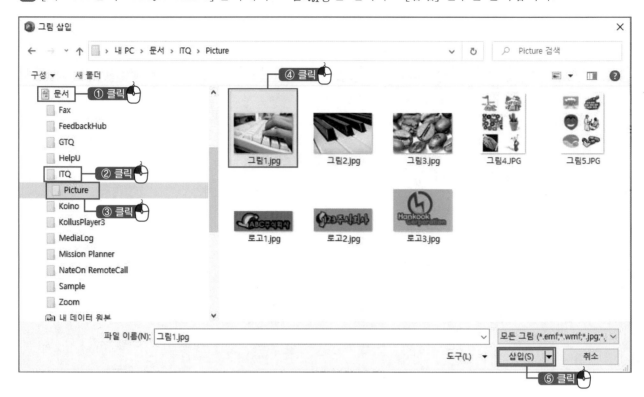

5 다시 바로가기 메뉴에서 [그림 서식] 메뉴를 클릭합니다.

6 오른쪽 [그림 서식] 창에서 [채우기 및 선 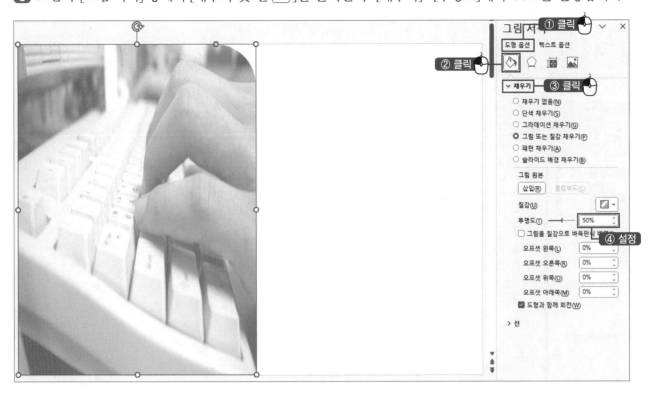]을 클릭한 후 [채우기]-[투명도]에서 '50%'를 설정합니다.

7 다시 오른쪽 [그림 서식] 창에서 [효과]를 클릭한 후 [부드러운 가장자리]-[미리 설정]-[부드러운 가장자리 변형]에서 '5 포인트'를 설정합니다. Esc 키를 눌러 선택을 해제합니다.

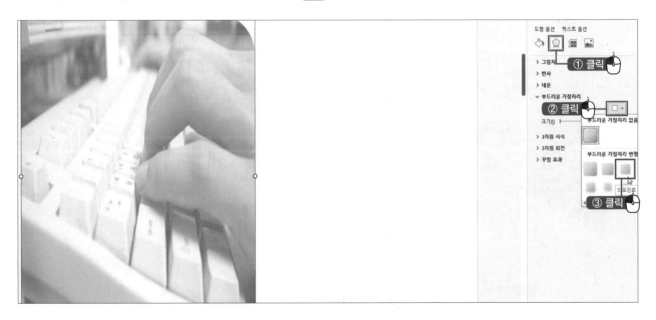

1 [삽입] 탭의 [텍스트] 그룹에서 [WordArt ⤸] 도구를 클릭한 후 첫 번째 유형(채우기: 검정, 텍스트 색 1, 그림자)을 선택합니다.

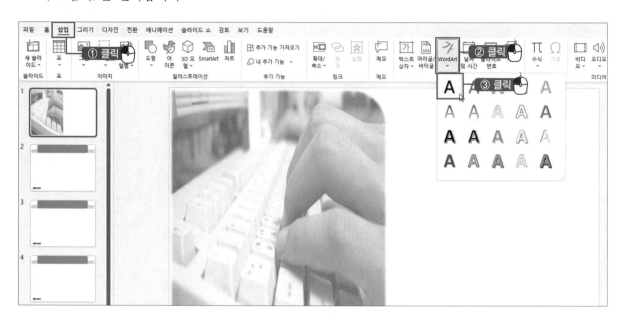

2 '필요한 내용을 적으십시오.'라는 문구를 지우거나 범위 지정된 상태에서 'Digital Health'를 입력합니다.

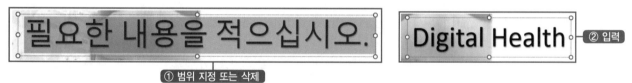

3 [도형 서식] 탭-[WordArt 스타일] 그룹-[텍스트 효과 **가**]-[변환]에서 '갈매기형 수장: 아래로'를 선택합니다.

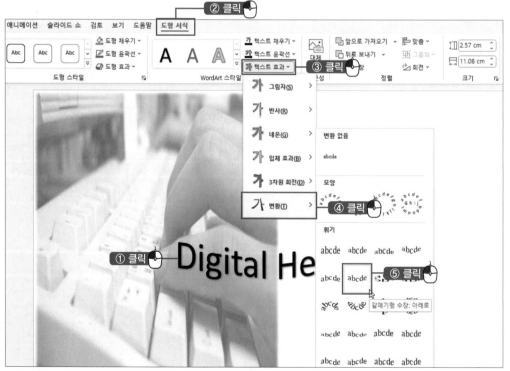

4 다시 [도형 서식] 탭-[WordArt 스타일] 그룹-[텍스트 효과 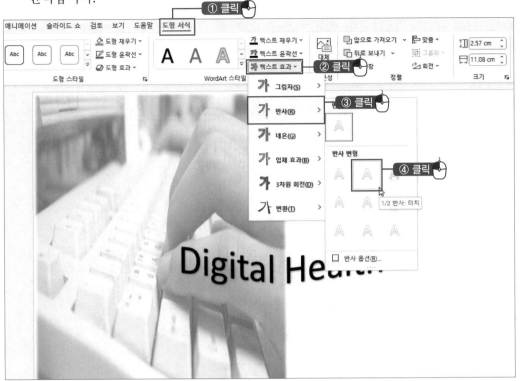]-[반사]에서 '1/2 반사: 터치'를 선택합니다.

5 [홈] 탭의 [글꼴] 그룹에서 '글꼴 : 돋움', '굵게'를 설정하고, '텍스트 그림자' 지정을 해제합니다.

6 워드아트의 위치를 이동시킨 후 크기 조절점(○)과 모양 조절점(●)을 드래그하여 《출력형태》처럼 변형합니다. Esc 키를 눌러 선택을 해제합니다.

1 [삽입] 탭-[이미지] 그룹-[그림 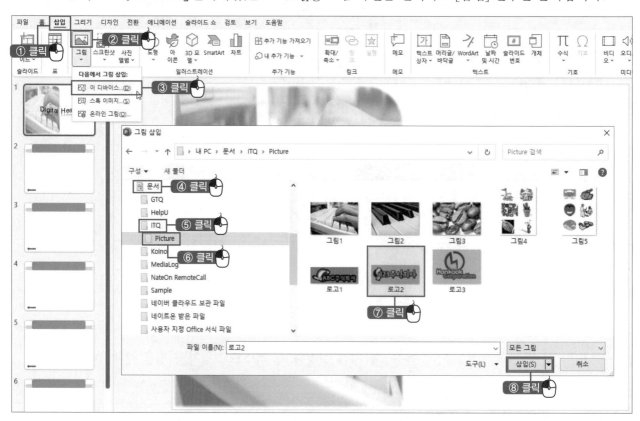]-[이 디바이스]를 선택한 후 [그림 삽입] 대화상자에서 「내 PCW문서WITQWPicture」폴더에 있는 '로고2.jpg' 그림 파일을 선택하고 [삽입] 단추를 클릭합니다.

2 삽입된 로고 이미지를 선택한 후 [그림 서식] 탭-[조정] 그룹-[색 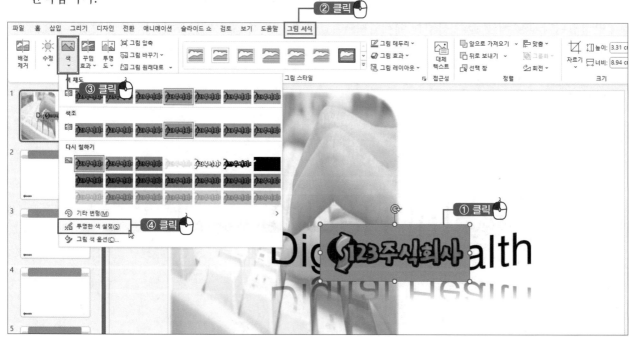]-[투명한 색 설정]을 선택합니다.

3 '로고2.jpg' 이미지의 배경(회색) 부분을 클릭하면 배경이 투명색으로 지정됩니다.

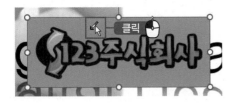

4 그림을 우측 상단으로 이동시킨 후 조절점(○)을 이용하여 크기를 《출력형태》처럼 조절합니다.

5 [빠른 실행] 도구 모음의 [저장 💾] 도구를 클릭하여 저장합니다(또는 Ctrl + S 키).

Check **P**oint

도형이나 그림 등을 작성하는 방법에는 상단의 메뉴를 이용하는 방법, 바로가기 메뉴(마우스 오른쪽 버튼 클릭), 오른쪽 작업 창을 이용하여 작성하는 방법이 있습니다. 이중 사용자가 시간을 단축할 수 있는 방법으로 작성합니다.

● 예제 파일 : 12645678-성안당.pptx   ● 정답 파일 : Section01_01(정답).pptx

01 다음 조건을 적용하여 슬라이드를 작성하시오.

(1) 표지 디자인 : 도형, 워드아트 및 그림을 이용하여 작성한다.

세부조건

① 도형 편집
- 도형에 그림 채우기 :
  「내 PC₩문서₩ITQ₩ Picture
  ₩그림1.jpg」, 투명도 50%
- 도형 효과 : 부드러운 가장 자리
  5포인트

② 워드아트 삽입
- 변환 : 기울기, 위로
- 글꼴 : 돋움, 굵게
- 반사 : 전체 반사, 터치

③ 그림 삽입
- 「내 PC₩문서₩ITQ₩
  Picture₩로고2.jpg」
- 배경(회색) 투명색으로 설정

● 예제 파일 : 12645678-김수연.pptx   ● 정답 파일 : Section01_02(정답).pptx

02 다음 조건을 적용하여 슬라이드를 작성하시오.

(1) 표지 디자인 : 도형, 워드아트 및 그림을 이용하여 작성한다.

세부조건

① 도형 편집
- 도형에 그림 채우기 :
  「내 PC₩문서₩ITQ₩ Picture
  ₩그림1.jpg」, 투명도 50%
- 도형 효과 : 부드러운 가장 자리
  5포인트

② 워드아트 삽입
- 변환 : 곡선, 위로
- 글꼴 : 돋움, 굵게
- 반사 : 전체 반사, 터치

③ 그림 삽입
- 「내 PC₩문서₩ITQ₩
  Picture₩로고2.jpg」
- 배경(회색) 투명색으로 설정

● 예제 파일 : 12645678-한정수.pptx ● 정답 파일 : Section01_03(정답).pptx

O3 다음 조건을 적용하여 슬라이드를 작성하시오.

(1) 표지 디자인 : 도형, 워드아트 및 그림을 이용하여 작성한다.

세부조건

① 도형 편집
- 도형에 그림 채우기 :
 「내 PC₩문서₩ITQ₩ Picture
 ₩그림1.jpg」, 투명도 50%
- 도형 효과 : 부드러운 가장 자리
 5포인트

② 워드아트 삽입
- 변환 : 갈매기형 수장, 아래로
- 글꼴 : 돋움, 굵게
- 반사 : 전체 반사, 터치

③ 그림 삽입
- 「내 PC₩문서₩ITQ₩
 Picture₩로고2.jpg」
- 배경(회색) 투명색으로 설정

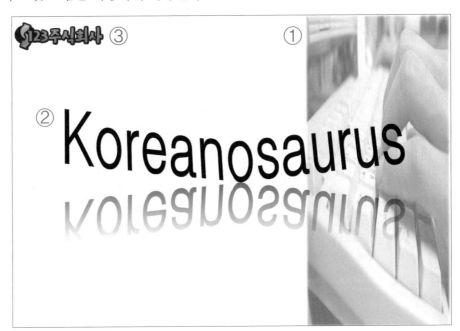

● 예제 파일 : 12645678-류현진.pptx ● 정답 파일 : Section01_04(정답).pptx

O4 다음 조건을 적용하여 슬라이드를 작성하시오.

(1) 표지 디자인 : 도형, 워드아트 및 그림을 이용하여 작성한다.

세부조건

① 도형 편집
- 도형에 그림 채우기 :
 「내 PC₩문서₩ITQ₩ Picture
 ₩그림3.jpg」, 투명도 50%
- 도형 효과 : 부드러운 가장 자리
 5포인트

② 워드아트 삽입
- 변환 : 기울기, 위로
- 글꼴 : 굴림, 굵게
- 반사 : 근접 반사, 8pt 오프셋

③ 그림 삽입
- 「내 PC₩문서₩ITQ₩
 Picture₩로고2.jpg」
- 배경(회색) 투명색으로 설정

● 예제 파일 : 12645678-김태희.pptx   ● 정답 파일 : Section01_05(정답).pptx

05 다음 조건을 적용하여 슬라이드를 작성하시오.

(1) 표지 디자인 : 도형, 워드아트 및 그림을 이용하여 작성한다.

세부조건

① 도형 편집
 - 도형에 그림 채우기 :
「내 PC\문서\ITQ\ Picture
\그림2.jpg」, 투명도 50%
 - 도형 효과 : 부드러운 가장
   자리 5포인트

② 워드아트 삽입
 - 변환 : 곡선, 아래로
 - 글꼴 : 돋움, 굵게
 - 반사 : 근접 반사, 터치

③ 그림 삽입
 -「내 PC\문서\ITQ\
   Picture\로고1.jpg」
 - 배경(회색) 투명색으로 설정

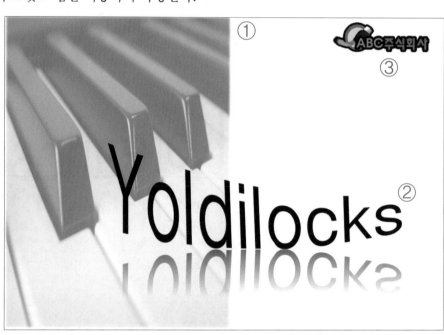

● 예제 파일 : 12645678-김새롬.pptx   ● 정답 파일 : Section01_06(정답).pptx

06 다음 조건을 적용하여 슬라이드를 작성하시오.

(1) 표지 디자인 : 도형, 워드아트 및 그림을 이용하여 작성한다.

세부조건

① 도형 편집
 - 도형에 그림 채우기 :
「내 PC\문서\ITQ\ Picture
\그림1.jpg」, 투명도 50%
 - 도형 효과 : 부드러운 가장
   자리 5포인트

② 워드아트 삽입
 - 변환 : 갈매기형 수장, 위로
 - 글꼴 : 궁서, 굵게
 - 반사 : 근접 반사, 터치

③ 그림 삽입
 -「내 PC\문서\ITQ\
   Picture\로고2.jpg」
 - 배경(회색) 투명색으로
   설정

배점 **60** 점

무료 동영상

[슬라이드 2] 목차 슬라이드

도형을 작성한 후 텍스트를 입력하고, 하이퍼링크와 그림을 삽입합니다. 특히 그림은 원하는 부분만 잘라 삽입합니다.

● 정답 파일 : Section02(정답).pptx

[슬라이드 2] 목차 슬라이드

(1) 《출력형태》와 같이 도형을 이용하여 목차를 작성한다(글꼴 : 굴림, 24pt).

(2) 도형 : 선 없음

세부조건

① 텍스트에 하이퍼링크 적용
→'슬라이드 6'

② 그림 삽입
– 「내 PC₩문서₩ITQ₩
Picture₩그림5.jpg」
– 자르기 기능 이용

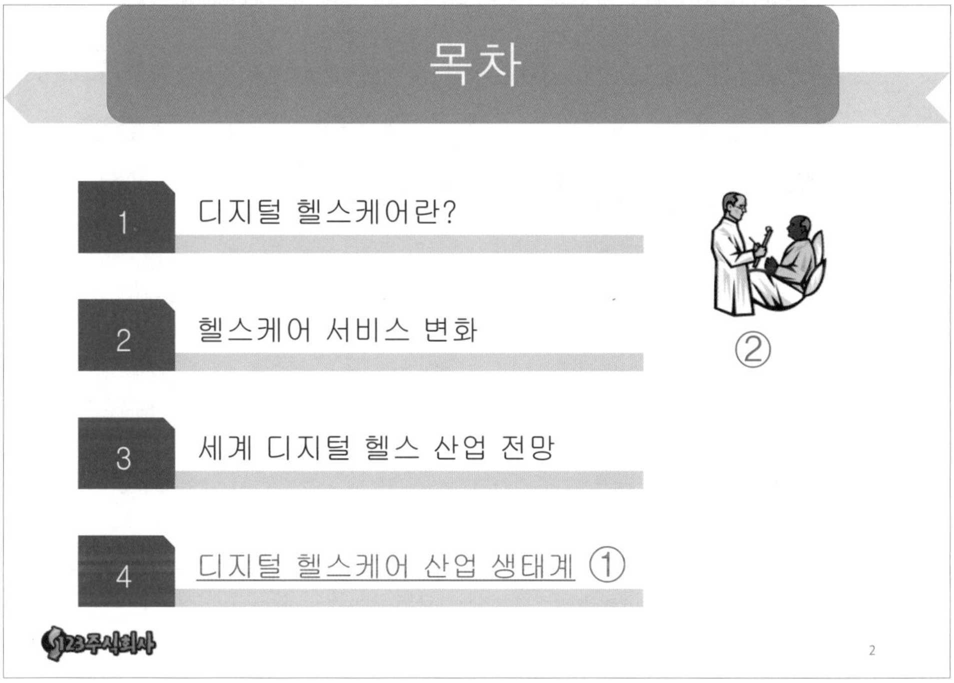

목차

1	디지털 헬스케어란?
2	헬스케어 서비스 변화
3	세계 디지털 헬스 산업 전망
4	<u>디지털 헬스케어 산업 생태계</u> ①

②

2

핵심 체크

1. 목차 도형 작성 : [삽입] 탭의 [일러스트레이션] 그룹의 [도형 ◌] 도구를 클릭하여 작성. 도형 윤곽선 – '없음'
2. 그림 삽입 : [삽입] 탭–[이미지] 그룹–[그림 🖼]–[이 디바이스] 선택
3. 그림 자르기 : [그림 서식] 탭–[크기] 그룹–[자르기 ⛶] 도구 선택
   – 여러 개의 그림 중 원하는 그림만 [자르기] 기능을 이용하여 삽입합니다.
4. 하이퍼링크 지정 : 문자열 범위 지정 → [삽입] 탭–[링크] 그룹–[링크 ⊘] 선택

※ 작성 순서
목차 도형 작업 → 그림 삽입 및 편집(자르기) → 하이퍼링크 작업

1 슬라이드 2를 클릭한 후 슬라이드 상단 제목에 '목차'를 입력합니다.

2 슬라이드 창의 텍스트 상자를 클릭한 후 Delete 키를 눌러 삭제합니다.

Check **P**oint

텍스트 상자 안의 [그림 🖾] 도구를 클릭하여 그림 작업을 먼저 해도 됩니다.

3 [삽입] 탭-[일러스트레이션] 그룹-[도형 🔾]의 사각형에서 '사각형: 잘린 한쪽 모서리'를 선택한 후 드래그하여 삽입합니다. 삽입 후 조절점(○)을 이용하여 크기를 조절한 후 [도형 서식] 탭-[도형 스타일] 그룹-[도형 채우기 🖌]에서 임의로 다른 색(파랑, 강조 1, 25% 더 어둡게)을 지정하고, [도형 윤곽선 🖉]에서 '윤곽선 없음'을 지정합니다.

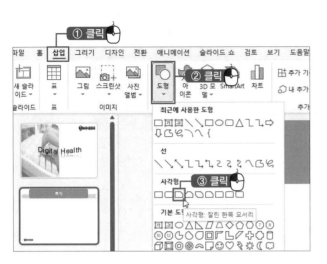

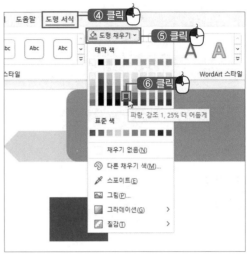

4 [삽입] 탭-[일러스트레이션] 그룹-[도형 🔾]의 사각형에서 '직사각형'을 선택한 후 드래그하여 삽입합니다. 크기와 위치를 확인하고 [도형 서식] 탭-[도형 스타일] 그룹-[도형 채우기 🖌]에서 임의의 색상(녹색, 강조 6, 60% 밝게)을 설정한 후, [도형 윤곽선 🖉]에서 '윤곽선 없음'을 지정합니다.

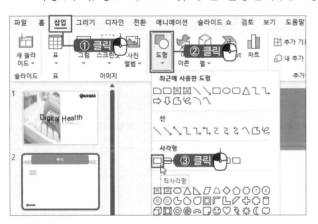

Check Point

도형의 색상, 윤곽선, 두께는 채점 대상이 아니므로 기본값으로 작성해도 됩니다. 다만, 본 교재에서는 출력형태를 고려하여 수험자가 보기 좋게 선 두께 및 색상을 변경하도록 설명하였습니다.

Check Point

도형 작업을 한 후에는 [도형 서식] 탭-[도형 삽입] 그룹에서 이전에 사용했던 도형들을 확인할 수 있으며, 자세히(▼) 단추를 클릭하면 다른 도형을 선택할 수 있으므로, [삽입] 탭-[일러스트레이션] 그룹-[도형 🔾] 도구를 이용하지 않아도 됩니다.

5 직사각형 도형이 선택된 상태에서 [도형 서식] 탭-[정렬] 그룹에서 [뒤로 보내기 🔲] 도구를 클릭하여
‘사각형: 잘린 한쪽 모서리’ 도형 뒤에 위치 시킵니다.

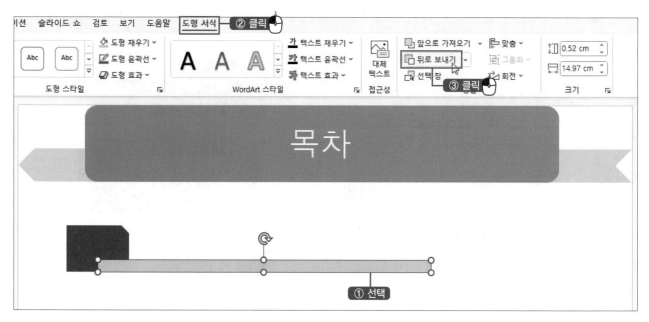

**C**heck **P**oint

도형을 작성할 때는 뒤쪽 도형을 먼저 그리는 것이 조금이라도 시간을 단축할 수 있지만, 상황에 따라 위쪽 도형을
먼저 그린 후 도형의 위치를 변경해도 됩니다.

6 ‘사각형: 잘린 한쪽 모서리’ 도형을 선택하고 ‘1’을 입력한 후 [홈] 탭의 [글꼴] 그룹에서 ‘글꼴 : 굴림’, ‘글꼴
크기 : 24pt’를 설정하고, [글꼴 색]의 자세히(🔽) 단추를 클릭한 후 ‘흰색, 배경 1’을 지정합니다. [Esc] 키를
눌러 선택을 해제합니다.

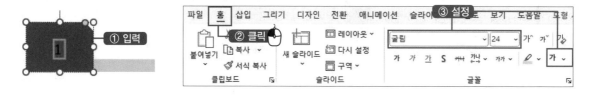

7 [삽입] 탭-[텍스트] 그룹-[텍스트 상자 가]-[가로 텍스트 상자 그리기]를 클릭한 후 드래그하여
삽입합니다.

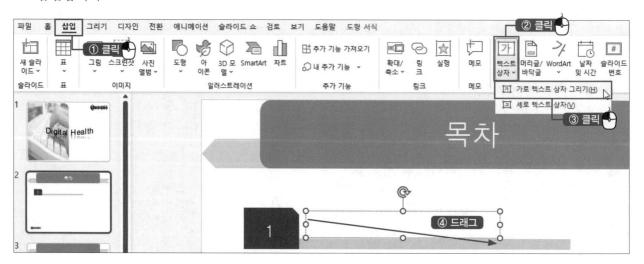

⑧ 가로 텍스트 상자가 삽입되면 '헬스케어란?'을 입력하고 Esc 키를 클릭한 후 [홈] 탭의 [글꼴] 그룹에서 '글꼴 : 굴림', '글꼴 크기 : 24pt'를 설정합니다. 《출력형태》를 참고하여 크기나 위치를 조절합니다.

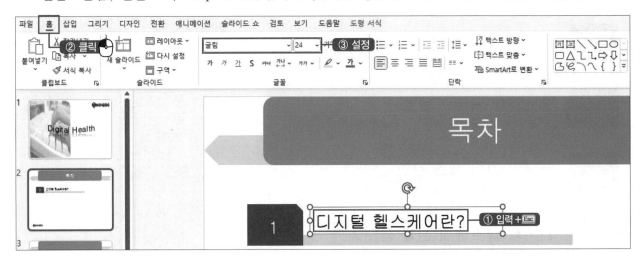

⑨ 마우스로 드래그하여 두 개의 도형과 가로 텍스트 상자를 선택한 후 Ctrl + Shift 키를 누른 채 아래로 드래그하여 복사합니다.

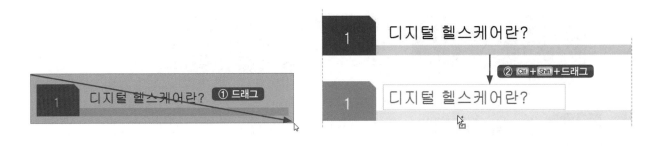

Check Point

- Ctrl 키를 누르고 드래그하면 복사되고, Ctrl + Shift 키를 누르고 드래그하면 수평이나 수직 방향으로 복사됩니다.
- Ctrl + D 키를 눌러 복사한 후 위치를 조정해도 됩니다.

⑩ 같은 방법으로 두 번 더 복사한 후 도형 간의 위치를 조정합니다.

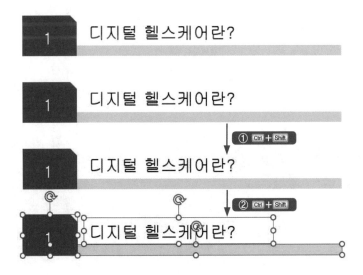

⓫ 《출력형태》처럼 '사각형: 잘린 한쪽 모서리' 도형 안의 숫자와 가로 텍스트 상자의 내용을 수정합니다. 가로 텍스트 상자의 너비보다 텍스트가 많을 경우 가로 텍스트 상자의 너비를 넓혀줍니다.

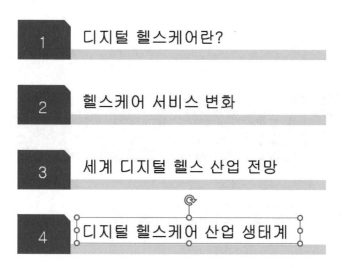

⓬ '디지털 헬스케어 산업 생태계'를 범위 지정한 후 바로가기 메뉴에서 [하이퍼링크 🔗] 메뉴를 클릭합니다.

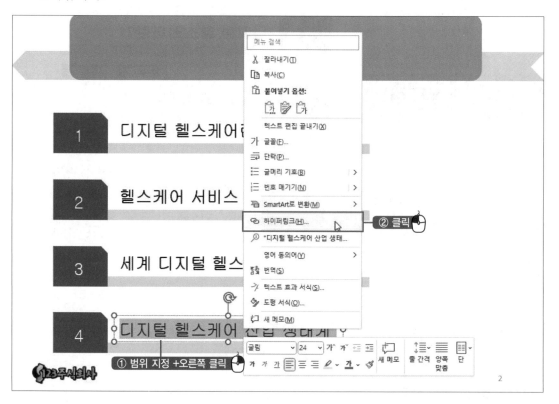

[삽입] 탭-[링크] 그룹-[링크 🔗] 도구를 선택하여 설정해도 됩니다.

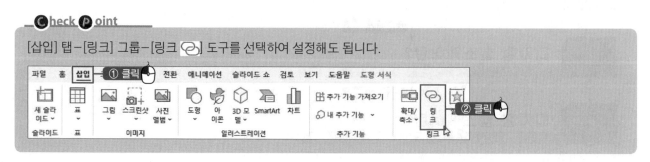

13 [하이퍼링크 삽입] 대화상자에서 '현재 문서'를 선택한 후 '6. 슬라이드 6'을 선택하고 [확인] 단추를 클릭합니다.

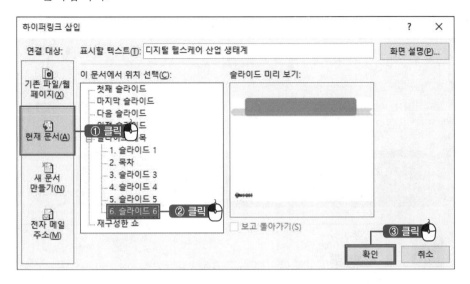

14 하이퍼링크가 설정된 텍스트는 자동으로 색이 변경되고 밑줄이 표시됩니다.

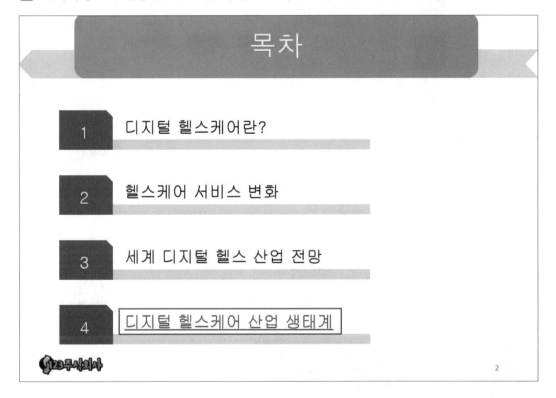

1 [삽입] 탭-[이미지] 그룹-[그림]-[이 디바이스...]를 클릭한 후 [그림 삽입] 대화상자에서 「내 PCW문서WITQWPicture」 폴더에 있는 '그림5.jpg' 그림 파일을 선택하고 [삽입] 단추를 클릭합니다.

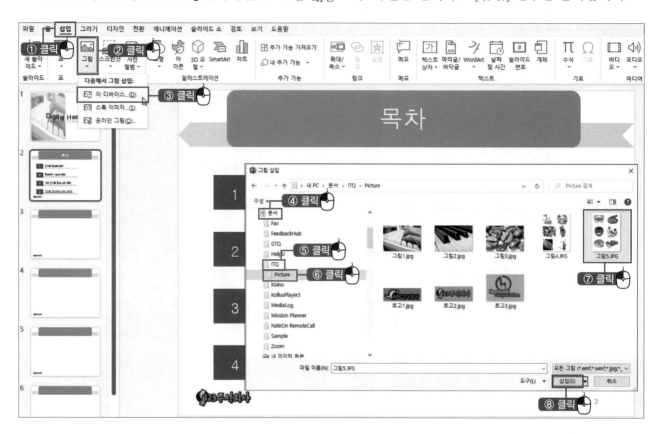

2 [그림 서식] 탭-[크기] 그룹에서 [자르기] 도구를 클릭한 후 조절점(┏, ┛)을 드래그하여 원하는 그림만 남기고 [Esc] 키를 눌러 작업을 완료합니다.

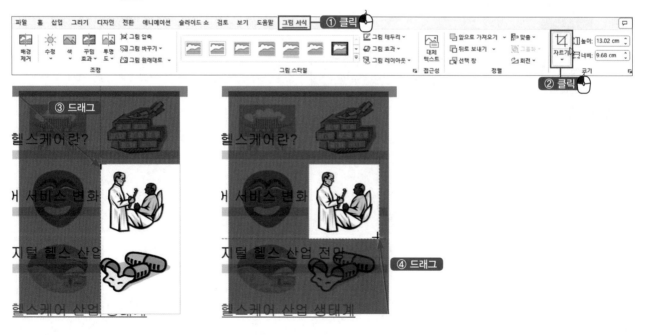

3 《출력형태》처럼 그림의 위치와 크기를 조절하고 Esc 키를 눌러 선택을 해제한 후 [빠른 실행] 도구 모음의 [저장 💾] 도구를 클릭하여 저장합니다(또는 Ctrl + S 키).

실력 향상을 위한 실전 연습문제

● 예제 파일 : Section01_01(정답).pptx　● 정답 파일 : Section02_01(정답).pptx

01 다음 조건을 적용하여 슬라이드를 작성하시오.

(1) 출력형태와 같이 도형을 이용하여 목차를 작성한다(글꼴 : 돋움, 24pt).
(2) 도형 : 선 없음

세부조건

① 텍스트에 하이퍼링크 적용
→ '슬라이드 6'

② 그림 삽입
- 「내 PC₩문서₩ITQ₩Picture₩그림5.jpg」
- 자르기 기능 이용

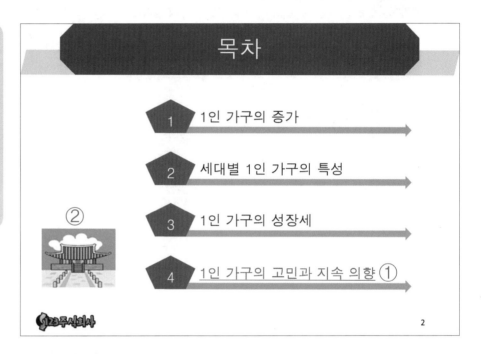

● 예제 파일 : Section01_02(정답).pptx　● 정답 파일 : Section02_02(정답).pptx

02 다음 조건을 적용하여 슬라이드를 작성하시오.

(1) 출력형태와 같이 도형을 이용하여 목차를 작성한다(글꼴 : 돋움, 24pt).
(2) 도형 : 선 없음

세부조건

① 텍스트에 하이퍼링크 적용
→ '슬라이드 6'

② 그림 삽입
- 「내 PC₩문서₩ITQ₩Picture₩그림4.jpg」
- 자르기 기능 이용

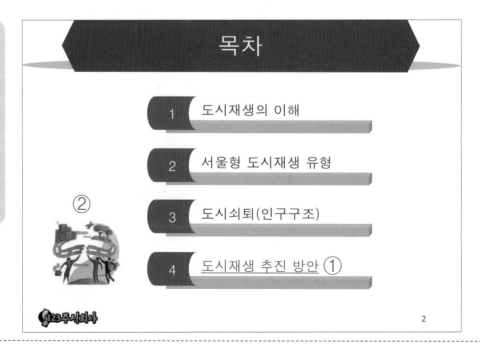

● 예제 파일 : Section01_03(정답).pptx   ● 정답 파일 : Section02_03(정답).pptx

O3 다음 조건을 적용하여 슬라이드를 작성하시오.

(1) 출력형태와 같이 도형을 이용하여 목차를 작성한다(글꼴 : 굴림, 24pt).
(2) 도형 : 선 없음

세부조건

① 텍스트에 하이퍼링크 적용
→ '슬라이드 3'

② 그림 삽입
- 「내 PC₩문서₩ITQ₩Picture
₩그림4.jpg」
- 자르기 기능 이용

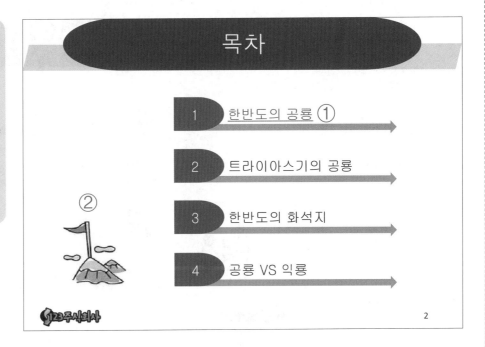

● 예제 파일 : Section01_04(정답).pptx   ● 정답 파일 : Section02_04(정답).pptx

O4 다음 조건을 적용하여 슬라이드를 작성하시오.

(1) 출력형태와 같이 도형을 이용하여 목차를 작성한다(글꼴 : 돋움, 24pt).
(2) 도형 : 선 없음

세부조건

① 텍스트에 하이퍼링크 적용
→ '슬라이드 5'

② 그림 삽입
- 「내 PC₩문서₩ITQ₩Picture
₩그림4.jpg」
- 자르기 기능 이용

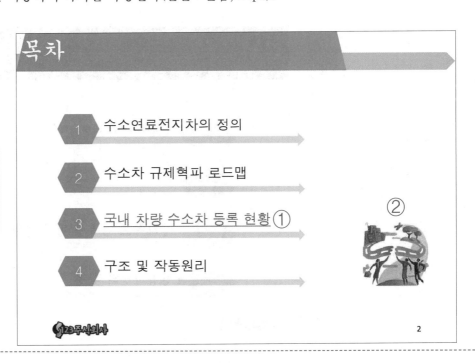

● 예제 파일 : Section01_05(정답).pptx ● 정답 파일 : Section02_05(정답).pptx

05 다음 조건을 적용하여 슬라이드를 작성하시오.

(1) 출력형태와 같이 도형을 이용하여 목차를 작성한다(글꼴 : 굴림, 24pt).
(2) 도형 : 선 없음

세부조건

① 텍스트에 하이퍼링크 적용
→ '슬라이드 5'

② 그림 삽입
- 「내 PC₩문서₩ITQ₩Picture
₩그림5.jpg」
- 자르기 기능 이용

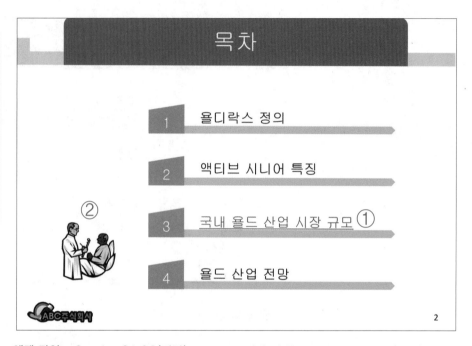

● 예제 파일 : Section01_06(정답).pptx ● 정답 파일 : Section02_06(정답).pptx

06 다음 조건을 적용하여 슬라이드를 작성하시오.

(1) 출력형태와 같이 도형을 이용하여 목차를 작성한다(글꼴 : 궁서, 24pt).
(2) 도형 : 선 없음

세부조건

① 텍스트에 하이퍼링크 적용
→ '슬라이드 4'

② 그림 삽입
- 「내 PC₩문서₩ITQ₩Picture
₩그림5.jpg」
- 자르기 기능 이용

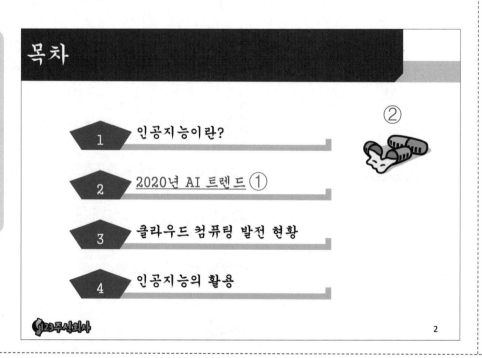

무료 동영상

[슬라이드 3] 텍스트/동영상 슬라이드

한글 문장과 영어 문장에 글머리 기호, 줄 간격을 설정하고, 동영상(비디오)을 삽입합니다.

● 정답 파일 : Section03(정답).pptx

[슬라이드 3] 텍스트/동영상 슬라이드

(1) 텍스트 작성 : 글머리 기호 사용(❖, ✔)

❖ 문단(굴림, 24pt, 굵게, 줄간격 : 1.5줄), ✔ 문단(굴림, 20pt, 줄간격 : 1.5줄)

세부조건

① 동영상 삽입 :
- 「내 PC₩문서₩ITQ₩ Picture₩동영상.wmv」
- 자동실행, 반복재생 설정

---

1. 디지털 헬스케어란?

❖Digital health
- ✔ Digital health is a discipline that includes digital care programs, living, and society to enhance the efficiency of healthcare delivery and to make medicine more precise

❖디지털 헬스케어 특징
- ✔ 보건의료용 정보통신기술, 디지털기술 등이 융합
- ✔ 개인 맞춤 의료
- ✔ 예방 의료 및 예측의료 가능

①

3

핵심 체크

1. 텍스트 상자 작성
- 글머리 기호 : [홈] 탭-[단락] 그룹-[글머리 기호 ▤▾] 도구 이용, [목록 수준 늘림 ⇞] 또는 Tab 키로 하위 목록 만들기
- 줄 간격 지정 : [홈] 탭-[단락] 그룹에서 [줄 간격 ⇳▾] 도구를 이용하거나 옵션단추(⛶)-[단락] 대화상자에서 지정
2. 동영상 삽입 : 텍스트 상자 안의 [비디오 ▭] 도구를 클릭하거나 [삽입] 탭-[미디어] 그룹-[비디오 ▭] 클릭

※ 작성 순서
텍스트 입력(글머리 기호, 줄 간격) → 동영상(비디오) 삽입 및 재생 효과 설정

1　세 번째 슬라이드를 선택한 후 상단의 제목에 '1. 디지털 헬스케어란?'을 입력합니다.

2　[제목 및 내용] 슬라이드의 텍스트 상자를 삭제한 후 [삽입] 탭-[텍스트] 그룹-[텍스트 상자 가] -[가로
텍스트 상자]를 클릭하고, 작업 창에 드래그하여 삽입합니다.

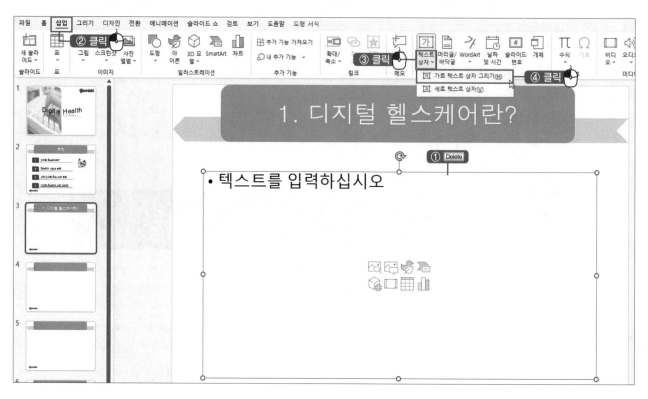

3　가로 텍스트 상자의 테두리를 클릭하고 바로가기 메뉴에서 [도형 서식]을 클릭한 후 오른쪽 [도형 서식]
창에서 [크기 및 속성 ▤]-[텍스트 상자]-'자동 맞춤 안 함'을 선택하고 닫기(✕) 단추를 클릭합니다.

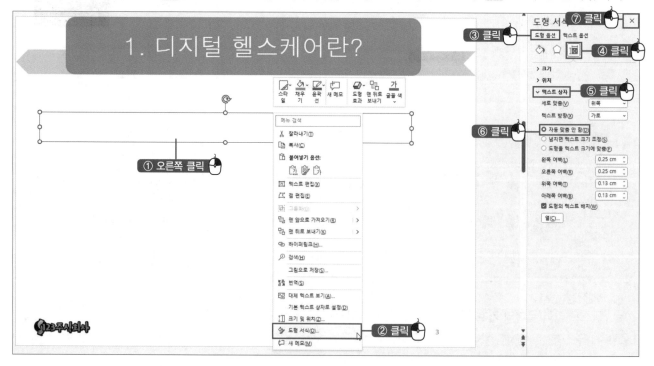

- [제목 및 내용] 슬라이드의 텍스트 상자를 이용해도 됩니다.
- 텍스트 상자의 내용이 텍스트 상자의 크기에 비해 많을 경우 글꼴의 크기와 줄 간격이 자동 조정되므로, 이를 방지하기 위해 '자동 맞춤 안 함'을 설정합니다.
- [도형 서식] 창은 [도형 서식] 탭-[크기] 그룹의 옵션 단추(⬎)를 클릭해도 표시됩니다.
- [도형 서식] 창을 닫지 않고 작업해도 됩니다.

4 텍스트를 입력할 위치에 마우스를 클릭한 후 [홈] 탭-[단락] 그룹-[글머리 기호 ⬚]에서 ❖ 기호를 선택합니다.

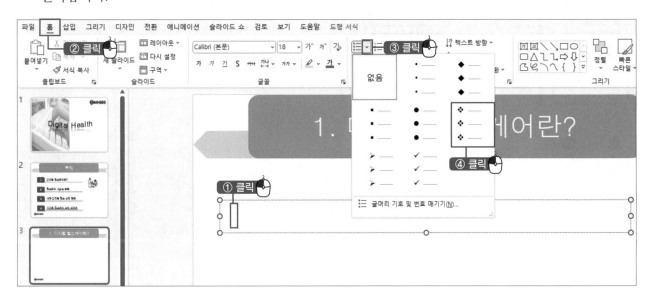

[글머리 기호 ⬚]에서 원하는 기호가 없을 경우에는 [글머리 기호 및 번호 매기기]를 클릭한 후 [글머리 기호 및 번호 매기기] 대화상자에서 [사용자 지정]을 클릭하고 글꼴을 선택한 후 원하는 기호를 찾습니다.

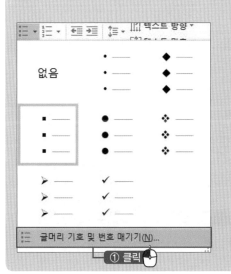
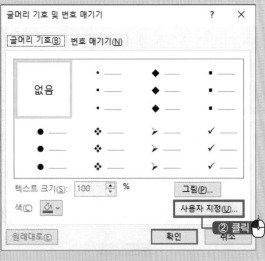

5 'Digital health'를 입력하고 Enter 키를 눌러 다음 줄로 이동합니다. Tab 키를 클릭한 후 [홈] 탭-[단락] 그룹-[글머리 기호 ⬚⬚] 에서 ✓ 기호를 클릭합니다.

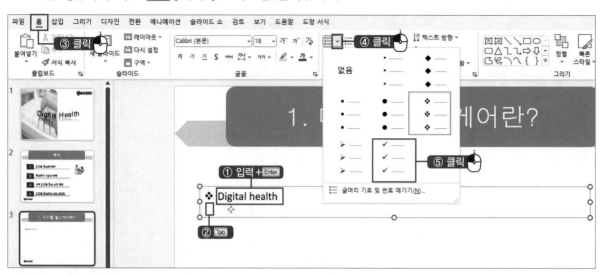

Check Point

- [목록 수준 늘림 ⬚] = Tab
- [목록 수준 줄임 ⬚] = Shift + Tab
- 글머리 기호 없이 다음 줄로 이동 = Shift + Enter

6 나머지 내용을 입력합니다.

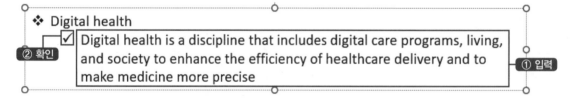

7 1수준의 텍스트를 범위 지정한 후 [홈] 탭의 [글꼴] 그룹에서 '글꼴 : 굴림', '글꼴 크기 : 24pt', '굵게'를 지정하고 [단락] 그룹의 [줄 간격 ⬚] 에서 '1.5줄'을 선택합니다.

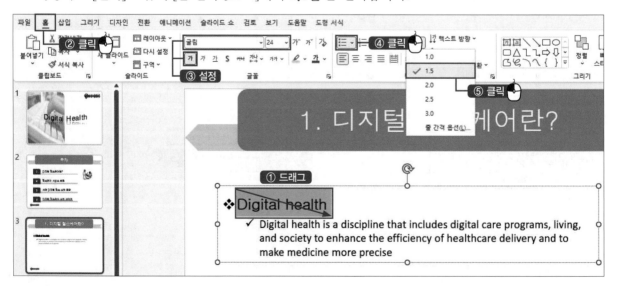

8 2수준의 텍스트를 범위 지정한 후 [홈] 탭의 [글꼴] 그룹에서 '글꼴 : 굴림', '글꼴 크기 : 20pt'를 지정하고 [단락] 그룹의 [줄 간격 ⬆☰ ▾]에서 '1.5줄'을 선택합니다.

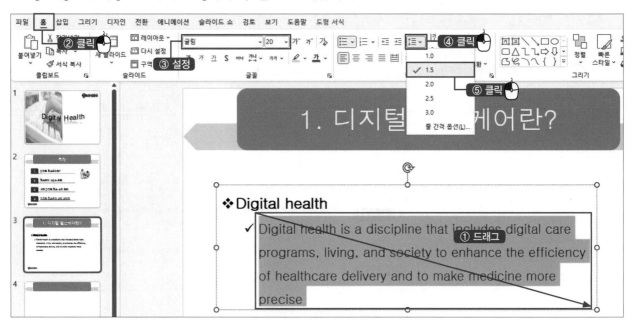

9 가로 텍스트 상자의 조절점(○)을 드래그하여 《출력형태》처럼 표시되도록 너비를 조절합니다.

❖Digital health

✓ Digital health is a discipline that includes digital care
programs, living, and society to enhance the efficiency of ┼
healthcare delivery and to make medicine more precise

10 완성된 영문 텍스트 상자를 선택한 후 Ctrl + Shift 키를 누른 채 아래쪽으로 드래그하여 복사합니다.

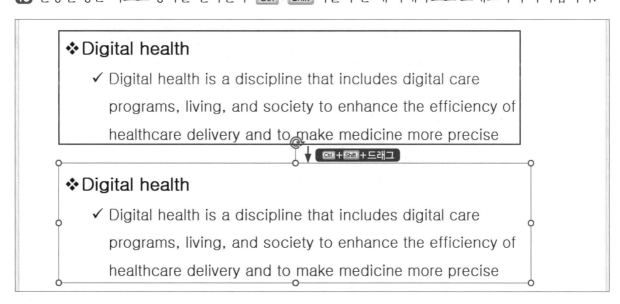

- 영어 문장의 글머리 기호와 글꼴 속성, 줄 간격 등의 작업이 완성된 후 아래쪽으로 복사하여 내용만 한글로 수정하면 글머리 기호, 글꼴 속성, 줄 간격 등을 수정할 필요가 없어서 시간을 단축할 수 있습니다.
- 영어 입력이 어려운 응시자는 한글 입력에 대한 부분 점수 획득을 위해 한글 문장을 먼저 작성하고, 시간에 따라 영어 문장을 입력하는 방법도 고려할 수 있습니다.

11 한글 내용을 입력한 후 동영상 이미지와 겹치지 않도록 가로 텍스트 상자의 조절점(○)을 드래그하여 크기를 조절합니다.

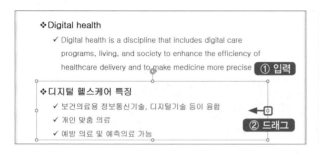

내용 입력 시 Enter 키를 눌러 다음 줄로 이동하면 현재의 글머리 기호가 자동 적용됩니다.

단계 2 **동영상(비디오) 삽입**

1 동영상을 삽입하기 위해 [삽입] 탭-[미디어] 그룹-[비디오 ▮▮]-[이 디바이스]를 클릭합니다.

2 [비디오 삽입] 대화상자에서 「내 PC₩문서₩ITQ₩Picture」 폴더에 있는 '동영상.wmv' 파일을 선택한 후 [삽입] 단추를 클릭합니다.

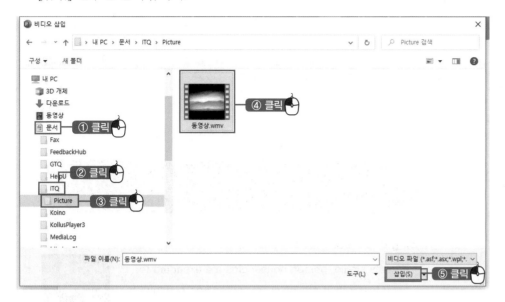

3 [재생] 탭-[비디오 옵션] 그룹에서 '시작 : 자동 실행', '반복 재생'에 체크 표시한 후 《출력형태》처럼 위치와 크기를 조절합니다. Esc키를 눌러 선택을 해제합니다.

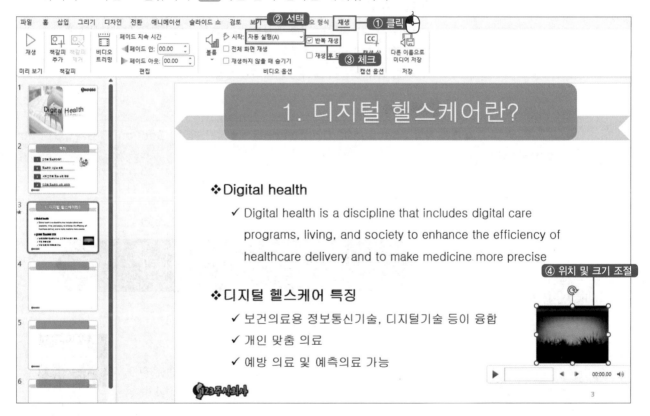

Check Point

- 그동안의 기출문제에서는 가로 텍스트 상자와 동영상 파일이 겹치지 않았기에, 가급적 겹치지 않도록 합니다.
- Shift + F5 키를 누르면 현재 슬라이드를 슬라이드 쇼 보기로 비디오가 재생되는지 확인할 수 있으며, Esc 키를 누르면 슬라이드 쇼가 중지됩니다.

4 [빠른 실행] 도구 모음의 [저장 💾] 도구를 클릭하여 저장합니다(또는 Ctrl + S 키).

실력 향상을 위한 실전 연습문제

● 예제 파일 : Section02_01(정답).pptx ● 정답 파일 : Section03_01(정답).pptx

01 다음 조건을 적용하여 슬라이드를 작성하시오.

(1) 텍스트 작성 : 글머리 기호 사용(❖, ■)

❖ 문단(굴림, 24pt, 굵게, 줄 간격 : 1.5줄), ■ 문단(굴림, 20pt, 줄 간격 : 1.5줄)

세부조건

① 동영상 삽입 :
- 「내 PC₩문서₩ITQ₩Picture₩ 동영상.wmv」
- 자동실행, 반복재생 설정

1. 1인 가구의 증가

❖ Single-person households

- Korea's single-person households are expected to grow faster than previously expected and continue to grow even when the population growth rate becomes negative

①

❖ 1인 가구의 증가

- 한국의 1인 가구는 기존 예상보다 더 빠르게 증가하여 인구성장률이 마이너스가 되는 시점에도 지속 성장할 전망
- 1인 가구 비중의 증가는 전국적인 현상

3

● 예제 파일 : Section02_02(정답).pptx ● 정답 파일 : Section03_02(정답).pptx

02 다음 조건을 적용하여 슬라이드를 작성하시오.

(1) 텍스트 작성 : 글머리 기호 사용(❖, ■)

❖ 문단(굴림, 24pt, 굵게, 줄 간격 : 1.5줄), ■ 문단(굴림, 20pt, 줄 간격 : 1.5줄)

세부조건

① 동영상 삽입 :
- 「내 PC₩문서₩ITQ₩Picture₩동영상.wmv」
- 자동실행, 반복재생 설정

1. 도시재생의 이해

❖ Urban Regeneration

- Urban regeneration is the attempt to reverse that decline by both improving the physical structure and more importantly and elusively, the economy of those areas

①

❖ 도시재생

- 물리적 정비와 함께 지역의 사회 경제적 환경을 고려하여 지속 가능한 도시활력을 창출할 수 있는 정비 방식
- 지역여건에 따른 다양한 맞춤형 재생으로 시민이 함께 체감

3

● 예제 파일 : Section02_03(정답).pptx ● 정답 파일 : Section03_03(정답).pptx

03 다음 조건을 적용하여 슬라이드를 작성하시오.

(1) 텍스트 작성 : 글머리 기호 사용(❖, ■)
   ❖ 문단(굴림, 24pt, 굵게, 줄 간격 : 1.5줄), ■ 문단(굴림, 20pt, 줄 간격 : 1.5줄)

세부조건

① 동영상 삽입 :
– 「내 PC₩문서₩ITQ₩ Picture₩동영상.wmv」
– 자동실행, 반복재생 설정

1. 한반도의 공룡

❖ Koreanosaurus
   ■ EBS documentary 'Korean Dinosaur' shows the pterosaurs that made the foot prints in Haenam-gun where the Uhangri Dinosaur Museum is located now

①

❖ 코리아노사우루스 보성엔시스
   ■ 우리나라 최초로 전남 보성군 비봉리에서 화석이 발견된 공룡
   ■ 약 8천만 년 전인 백악기 후기에 살았으며 어깨뼈와 위팔뼈가 발달하여 땅을 파는 동작에 매우 능했을 것으로 추측

123주식회사   3

● 예제 파일 : Section02_04(정답).pptx ● 정답 파일 : Section03_04(정답).pptx

04 다음 조건을 적용하여 슬라이드를 작성하시오.

(1) 텍스트 작성 : 글머리 기호 사용(●, ➢)
   ● 문단(굴림, 24pt, 굵게, 줄 간격 : 1.5줄), ➢ 문단(굴림, 20pt, 줄 간격 : 1.5줄)

세부조건

① 동영상 삽입 :
– 「내 PC₩문서₩ITQ₩ Picture₩동영상.wmv」
– 자동실행, 반복재생 설정

1. 수소연료전지차의 정의

● FCEV : Fuel Cell Electric Vehicle
   ➢ FCEV is an electric vehicle that uses a fuel cell, sometimes in combination with a small battery or supercapacitor, to power its onboard electric motor

①

● 수소연료전지차
   ➢ 수소연료전지차는 연료전지를 사용하는 전기 자동차로, 소형배터리, 슈퍼 커패시터와 결합하여 전기 모터에 전력을 공급
   ➢ 연료비가 싸고, 출력이 높으며, 전기자동차에 비해 충전 시간이 짧음

123주식회사   3

● 예제 파일 : Section02_05(정답).pptx   ● 정답 파일 : Section03_05(정답).pptx

05 다음 조건을 적용하여 슬라이드를 작성하시오.

(1) 텍스트 작성 : 글머리 기호 사용(❖, ➤)

❖ 문단(굴림, 24pt, 굵게, 줄 간격 : 1.5줄), ➤문단(굴림, 20pt, 줄 간격 : 1.5줄)

세부조건

① 동영상 삽입 :
– 「내 PC₩문서₩ITQ₩
  Picture₩동영상.wmv」
– 자동실행, 반복재생 설정

1. 욜디락스 정의

❖ **Yoldilocks**

➤ YOLD is a young adult population between 65 and 79

➤ Yoldilocks means the ideal economic revival led by the YOLD generation, who are neither young nor old

❖ **욜디락스**

➤ 욜드는 65세에서 79세 사이의 젊은 노인 인구를 말하며 욜디락스는 젊지도 늙지도 않은 욜드세대가 주도하는 이상적인 경제 부활을 의미

ABC주식회사

3

● 예제 파일 : Section02_06(정답).pptx   ● 정답 파일 : Section03_06(정답).pptx

06 다음 조건을 적용하여 슬라이드를 작성하시오.

(1) 텍스트 작성 : 글머리 기호 사용(◆, ✓)

◆문단(굴림, 24pt, 굵게, 줄 간격 : 1.5줄), ✓ 문단(굴림, 20pt, 줄 간격 : 1.5줄)

세부조건

① 동영상 삽입 :
– 「내 PC₩문서₩ITQ₩
  Picture₩동영상.wmv」
– 자동실행, 반복재생 설정

1. 인공지능이란?

◆ **Artificial Intelligence**

✓ AI is the intelligence exhibited by machines or software just like human being

✓ AI research include reasoning, knowledge, planning, learning, natural language and perception

◆ **인공지능이란**

✓인간의 학습능력과 추론 및 지각능력의 이해능력을 갖 춘 컴퓨터 시스템으로 자율주행차, 외국어 자동번역 시스템 및 전문가 시스템 등이 그 활용 분야

123주식회사

3

배점 **80** 점

무료 동영상

[슬라이드 4] 표 슬라이드

표 기능으로 표를 만든 후 두 개의 도형을 조합하거나 도형에 그라데이션을 적용하여 완성합니다.

● 정답 파일 : Section04(정답).pptx

[슬라이드 4] 표 슬라이드

(1) 도형과 표 작성 기능을 이용하여 슬라이드를 작성한다(글꼴 : 돋움, 18pt).

세부조건

① 상단 도형 : 2개 도형의 조합으로 작성

② 좌측 도형 : 그라데이션 효과(선형 아래쪽)

③ 테이블 디자인 테마 스타일 1 – 강조 6

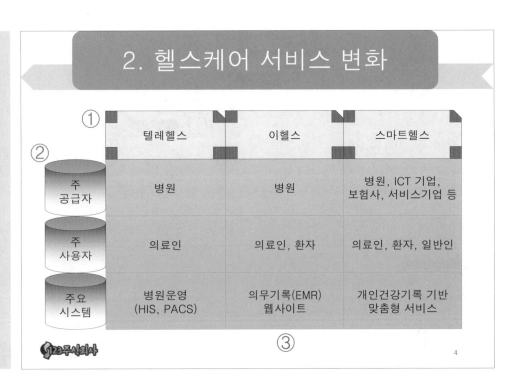

핵심 체크

1. 표 작성 : 표 삽입(▦) 도구나 [삽입] 탭–[표] 그룹–[표▦]를 이용하여 작성
2. 테이블 디자인 : [테이블 디자인] 탭–[표 스타일] 그룹에서 스타일 지정
3. 상단 도형 작성 : 두 개의 도형을 조합하여 작성
4. 좌측 도형 작성 : 그라데이션 지정

※ 작성 순서
표 작성, 스타일 지정 → 상단 도형 작성 → 좌측 도형 작성

1 네 번째 슬라이드를 선택한 후 슬라이드 상단 제목에 '2. 헬스케어 서비스 변화'를 입력합니다.

2 내용 상자에서 [표 삽입 ⊞] 도구를 클릭한 후 [표 삽입] 대화상자에서 '열 개수 : 3', '행 개수 : 3'을 지정하고 [확인] 단추를 클릭합니다.

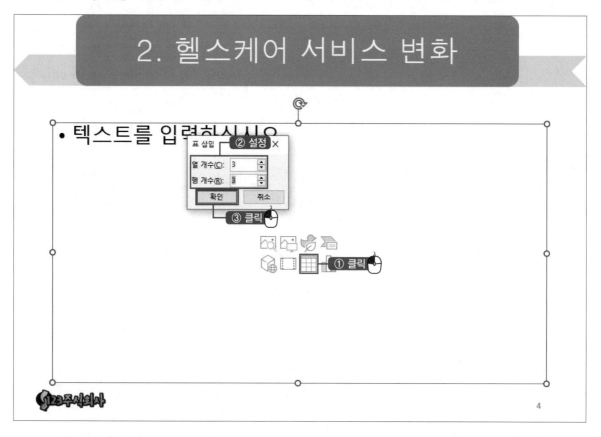

○heck ○oint

텍스트 상자를 삭제한 후 [삽입] 탭-[표] 그룹-[표 ⊞]에서 마우스를 드래그하여 3열, 3행의 표를 삽입할 수도 있습니다.

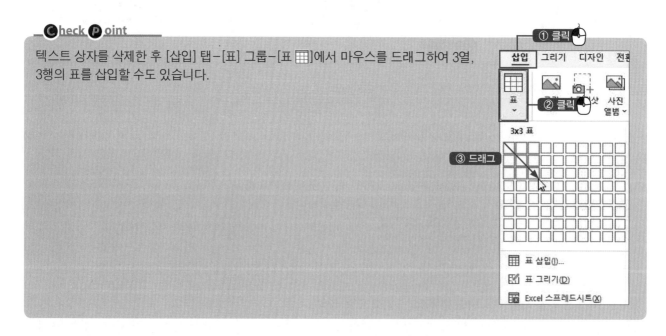

③ [테이블 디자인] 탭의 [표 스타일 옵션] 그룹에서 '머리글 행'과 '줄 무늬 행'의 체크를 해제한 후 [표 스타일] 그룹의 자세히(⌄) 단추를 클릭하고 '테마 스타일 1 – 강조 6'을 선택합니다.

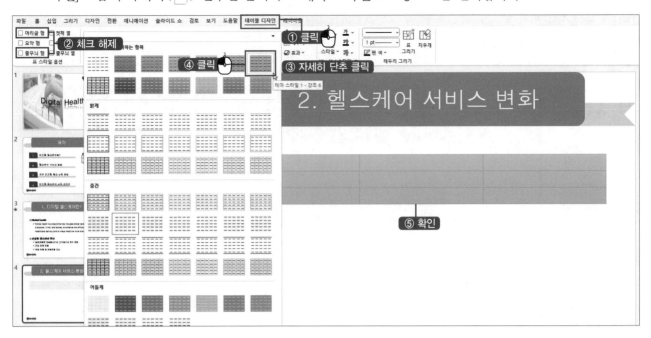

④ 표 내용을 가운데 맞춤 입력하기 위해 [레이아웃] 탭-[맞춤] 그룹에서 [가운데 맞춤 ☰], [세로 가운데 맞춤 ▤] 도구를 클릭합니다.

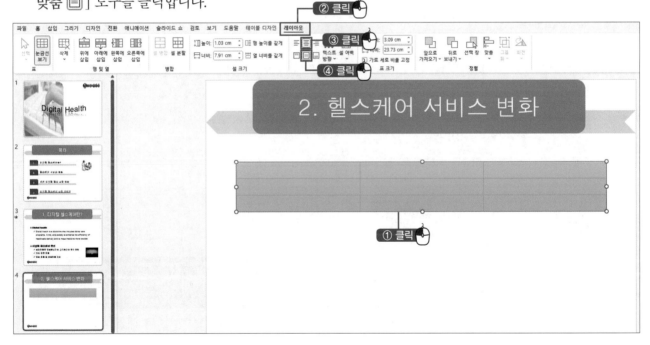

5 [홈] 탭에서 '글꼴 : 돋움', '글꼴 크기 : 18pt'를 지정한 후 표의 하단 조절점(○)을 아래로 드래그하여 표의 높이를 조절합니다.

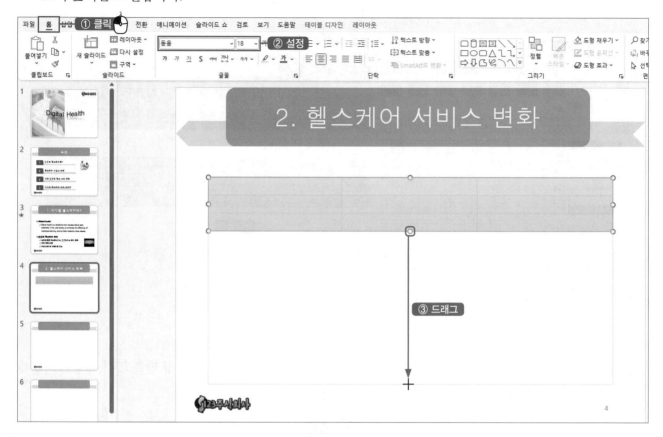

6 상단 조절점(○)을 아래로 드래그하고, 왼쪽 조절점(○)을 오른쪽으로 드래그하여 《출력형태》처럼 크기를 조절합니다.

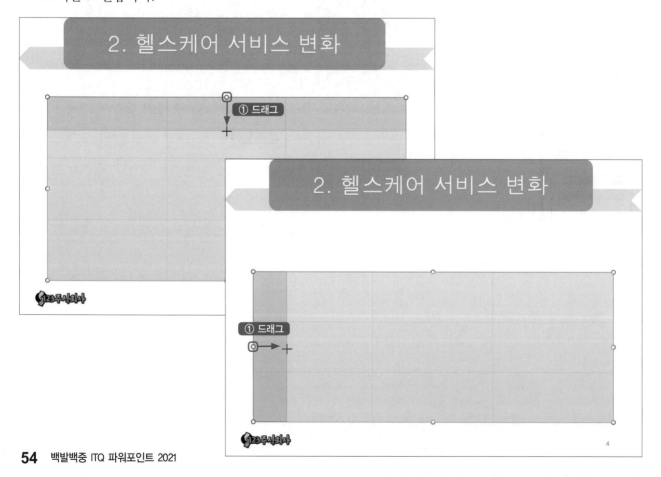

- 표 내부의 셀 크기 조절(마우스 포인트 모양이 ╫ 일 때 드래그)

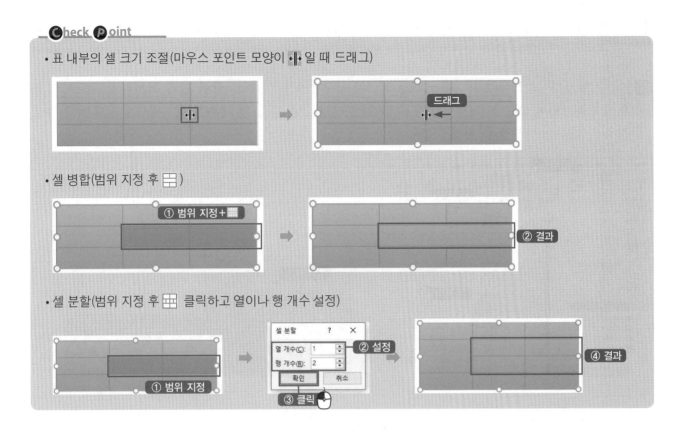

- 셀 병합(범위 지정 후 ⊟)

- 셀 분할(범위 지정 후 ⊞ 클릭하고 열이나 행 개수 설정)

7 《출력형태》와 같이 내용을 입력합니다. 《출력형태》와 다를 경우 표의 내부 셀 너비를 조절합니다.

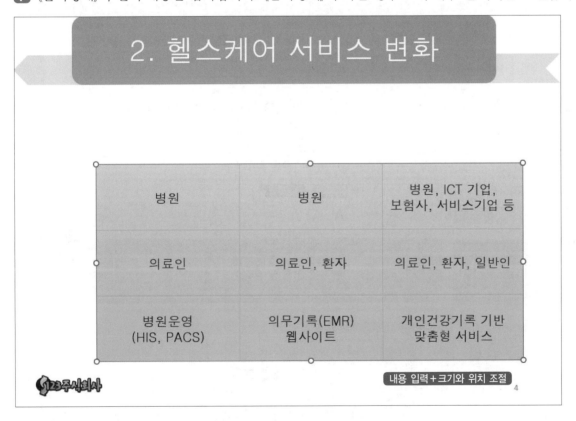

1 [삽입] 탭-[일러스트레이션] 그룹-[도형 🔲]의 사각형에서 '사각형: 잘린 한쪽 모서리'를 선택하여 표
위에 드래그하여 그린 후 [도형 서식] 탭-[도형 스타일] 그룹의 [도형 채우기 🖌️]에서 임의의 색상(녹색,
강조 6, 25% 더 어둡게)을 지정합니다.

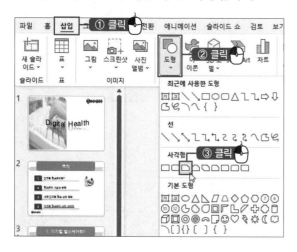

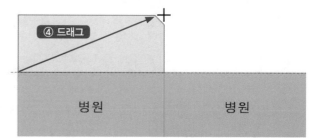

ⒸheckⒸoint

• 되도록 《출력형태》처럼 작성하되, 세밀한 조정은 조절점(○)을 이용합니다. 이 경우 Alt 키를 이용합니다.
• 도형 작성 시 기본 색상을 유지해도 되고, 《출력형태》처럼 구별하기 위해 [도형 서식] 탭-[도형 스타일] 그룹의
[도형 채우기 🖌️]에서 임의의 색상을 지정합니다.

ⒸheckⒸoint

표와 도형의 크기(높이 또는 너비)를 정확히 맞추기 위해서는 수치를 직접 입력하는 방법이 있습니다. 먼저, 표에
커서를 위치시킨 후 [레이아웃] 탭-[셀 크기] 그룹-[표 열 너비 🔲]에서 너비 '6.91cm'를 확인합니다. '사각형: 잘린
한쪽 모서리'를 클릭한 후 [도형 서식] 탭-[크기] 그룹-[도형 너비 🔲]에서 '6.91cm'를 입력하면 표의 너비와
도형의 너비가 같아집니다. 다만, 눈대중으로 최대한 비슷하게 너비를 맞춰도 됩니다.

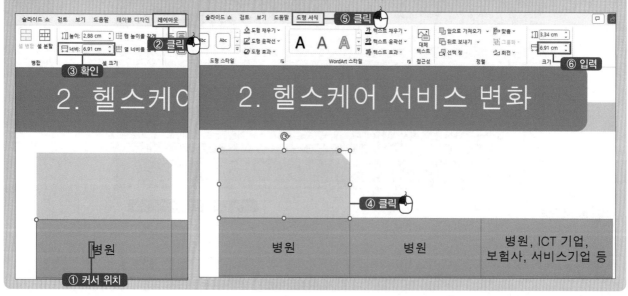

2 [삽입] 탭-[일러스트레이션] 그룹-[도형 ▣]의 기본 도형에서 '십자형'을 선택하여 '사각형: 잘린 한쪽 모서리' 위에 드래그하여 그린 후 [도형 서식] 탭-[도형 스타일] 그룹의 [도형 채우기 ◆]에서 임의의 색상(녹색, 강조 6, 80% 더 밝게)을 지정합니다.

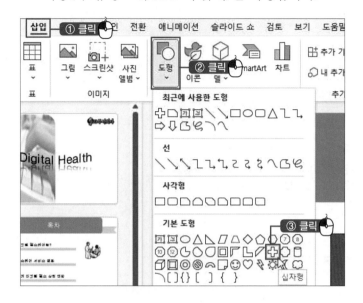
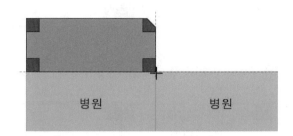

3 십자형 도형이 선택된 상태에서 [홈] 탭에서 '글꼴 : 돋움', '글꼴 크기 : 18pt', '글꼴 색 : 검정, 텍스트 1'을 설정한 후 '텔레헬스'를 입력합니다.

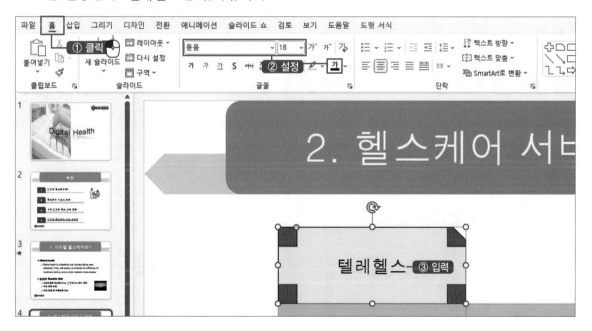

ⓒheck ⓟoint

• 도형에 내용을 입력할 때 기본적으로 글꼴 색은 흰색이므로 반드시 검은색으로 설정합니다.

• 도형에 텍스트 서식(글꼴, 글꼴 크기, 글꼴 색, 굵게 등)과 도형 서식(윤곽선 유무, 윤곽선 색 등)을 작성하고 마우스 오른쪽 버튼을 눌러 바로가기 메뉴에서 [기본 도형으로 설정]을 클릭하면, 이후 작성하는 도형에는 같은 텍스트 서식과 도형 서식이 적용되므로 작업 시간을 단축할 수 있습니다.

4 마우스로 드래그하여 두 개의 도형을 선택한 후 Ctrl + Shift 키를 누르면서 오른쪽으로 드래그하여 두 개 더 복사합니다.

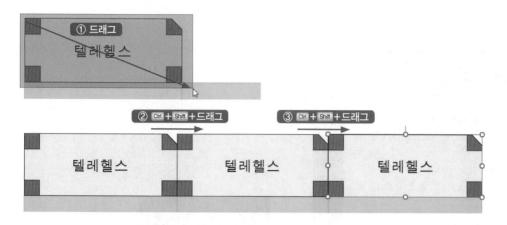

5 《출력형태》처럼 내용을 수정합니다.

단계 3 **좌측 도형 작성**

1 [삽입] 탭-[일러스트레이션] 그룹-[도형 🖫]의 기본 도형에서 '원통형'을 선택하여 표 위에 드래그하여 그립니다.

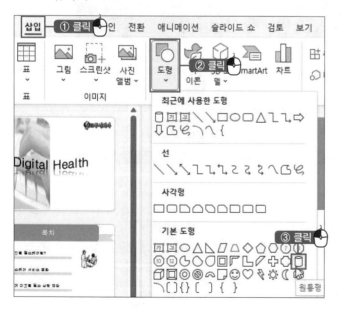

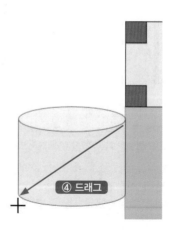

2 [도형 서식] 탭-[도형 스타일] 그룹-[도형 채우기 ◇]에서 임의의 색(녹색, 강조 6, 50% 더 어둡게)을 선택한 후 다시 [도형 서식] 탭-[도형 스타일] 그룹-[도형 채우기 ◇]-[그라데이션]에서 '기타 그라데이션'을 클릭합니다.

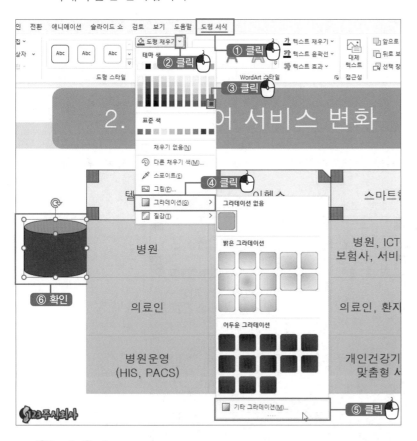

도형을 선택한 후 바로가기 메뉴의 [도형 서식]을 클릭해도 [도형 서식] 창이 표시됩니다.

3 [도형 서식] 창의 [도형 옵션]-[채우기 및 선 ◇]-[채우기]에서 '그라데이션 채우기'를 선택한 후 '종류-선형', '방향-선형 아래쪽'를 선택합니다.

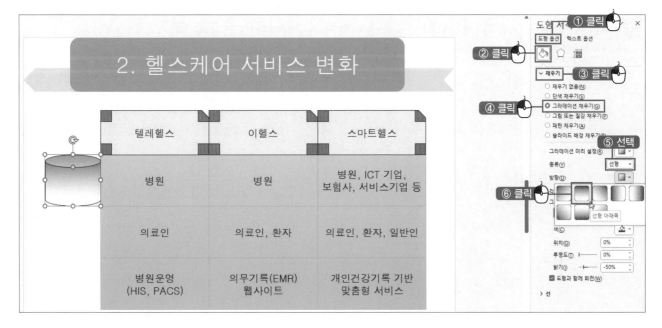

4 원통형 도형이 선택된 상태에서 '주 공급자'를 입력한 후 [홈] 탭에서 '글꼴 : 돋움', '글꼴 크기 : 18pt', '글꼴 색 : 검정, 텍스트 1'을 설정합니다.

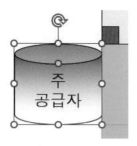

5 원통형 도형이 선택된 상태에서 Ctrl + Shift 키를 누르면서 드래그하여 두 개 더 복사한 후 《출력형태》 처럼 내용을 수정합니다.

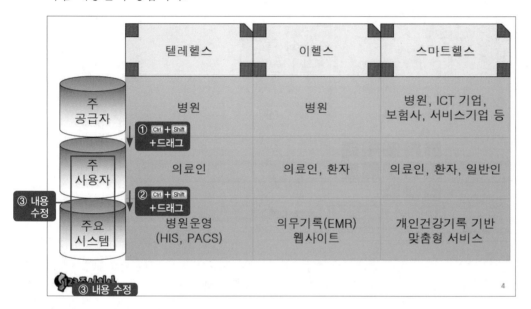

___Check Point___

표의 상단과 좌측 도형의 위치가 《출력형태》와 조금 다를 경우 조절점(○)이나 Alt 키를 이용하여 조절합니다.

6 [빠른 실행] 도구 모음의 [저장 💾] 도구를 클릭하여 저장합니다(또는 Ctrl + S 키).

실력 향상을 위한 실전 연습문제

● 예제 파일 : Section03_01(정답).pptx ● 정답 파일 : Section04_01(정답).pptx

01 다음 조건을 적용하여 슬라이드를 작성하시오.

(1) 도형과 표 작성 기능을 이용하여 슬라이드를 작성한다(글꼴 : 굴림, 18pt).

세부조건

① 상단 도형 : 2개 도형의 조합으로 작성

② 좌측 도형 : 그라데이션 효과(선형 아래쪽)

③ 테이블 스타일 : 테마 스타일 1 - 강조 6

2. 세대별 1인 가구의 특성

	1인 생활의 주요 원인	특징
청년층	개인적 시간과 여유를 즐기는 자유로운 삶을 추구, 학업 및 직장 등으로 인한 이동	고시원 및 월세의 비중이 높아 주거 안정성이 취약함
중년층	자녀의 글로벌 교육을 위한 분거 상태, 직장 이동, 이혼 및 사별 등	중년층 니트족이 증가, 고용의 질과 소득이 낮음
노년층	결혼 후 부모와 함께 사는 전통적 가치관 탈피	소득이 적고 경제활동 비율이 낮음

① ② ③

4

● 예제 파일 : Section03_02(정답).pptx ● 정답 파일 : Section04_02(정답).pptx

02 다음 조건을 적용하여 슬라이드를 작성하시오.

(1) 도형과 표 작성 기능을 이용하여 슬라이드를 작성한다(글꼴 : 굴림, 18pt).

세부조건

① 상단 도형 : 2개 도형의 조합으로 작성

② 좌측 도형 : 그라데이션 효과(선형 아래쪽)

③ 테이블 스타일 : 테마 스타일 1 - 강조 6

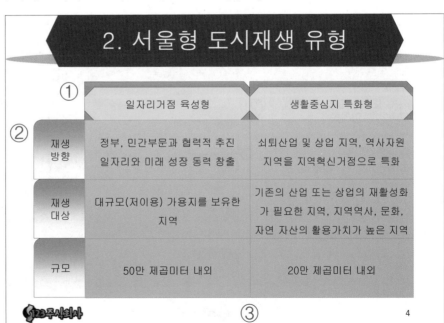

실력 향상을 위한 실전 연습문제

Level Upgrade

● 예제 파일 : Section03_03(정답).pptx ● 정답 파일 : Section04_03(정답).pptx

03 다음 조건을 적용하여 슬라이드를 작성하시오.

(1) 도형과 표 작성 기능을 이용하여 슬라이드를 작성한다(글꼴 : 굴림, 18pt).

세부조건

① 상단 도형 : 2개 도형의 조합으로 작성

② 좌측 도형 : 그라데이션 효과(선형 오른쪽)

③ 테이블 스타일 : 테마 스타일 1 - 강조 5

2. 트라이아스기의 공룡

		학명	특징	화석 발굴지
	초식 공룡	메라노로사우루스	몸길이 12m로 4족 보행	남아프리카
		바라파사우루스	용각류 중 가장 오래된 공룡	인도
	육식 공룡	에우디모르포돈	긴꼬리와 뾰족한 이빨	이탈리아
		타니스트로페우스	가장 목이 긴 공룡	독일, 스위스
		쇼니사우루스	가장 큰 해양 파충류	미국, 캐나다

● 예제 파일 : Section03_04(정답).pptx ● 정답 파일 : Section04_04(정답).pptx

04 다음 조건을 적용하여 슬라이드를 작성하시오.

(1) 도형과 표 작성 기능을 이용하여 슬라이드를 작성한다(글꼴 : 굴림, 18pt).

세부조건

① 상단 도형 : 2개 도형의 조합으로 작성

② 좌측 도형 : 그라데이션 효과(선형 아래쪽)

③ 테이블 스타일 : 테마 스타일 1 - 강조 6

2. 수소차 규제혁파 로드맵

		1단계	2단계	3단계
	연료 전지	저 연비, 단 수명	고 연비, 장 수명	고 연비, 장 수명
	수소 공급	부생수소 저용량, 근거리	추출수소 대용량, 근거리	해외수소 + 수전해 대용량, 원거리
	활용 영역	승용차 중심	승용, 상용차 본격 확산	건설기계, 열차, 선박 상용화
	규제 개선	수소차 차량운행 경고음 발생장치 의무화	수소차 전용보험상품 개발 및 보급	재생에너지 연계전기 수소통합 충전소 활성화

● 예제 파일 : Section03_05(정답).pptx ● 정답 파일 : Section04_05(정답).pptx

05 다음 조건을 적용하여 슬라이드를 작성하시오.

(1) 도형과 표 작성 기능을 이용하여 슬라이드를 작성한다(글꼴 : 돋움, 18pt).

세부조건

① 상단 도형 : 2개 도형의 조합으로 작성

② 좌측 도형 : 그라데이션 효과(선형 위쪽)

③ 테이블 스타일 : 테마 스타일 1 - 강조 6

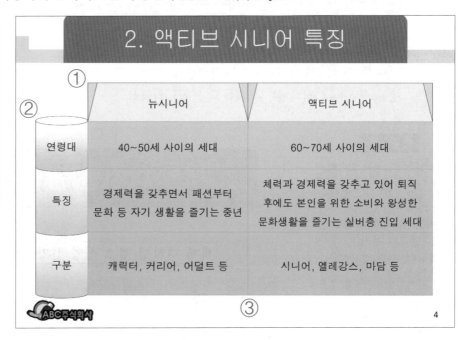

● 예제 파일 : Section03_06(정답).pptx ● 정답 파일 : Section04_06(정답).pptx

06 다음 조건을 적용하여 슬라이드를 작성하시오.

(1) 도형과 표 작성 기능을 이용하여 슬라이드를 작성한다(글꼴 : 돋움, 18pt).

세부조건

① 상단 도형 : 2개 도형의 조합으로 작성

② 좌측 도형 : 그라데이션 효과(선형 아래쪽)

③ 테이블 스타일 : 테마 스타일 1 - 강조 5

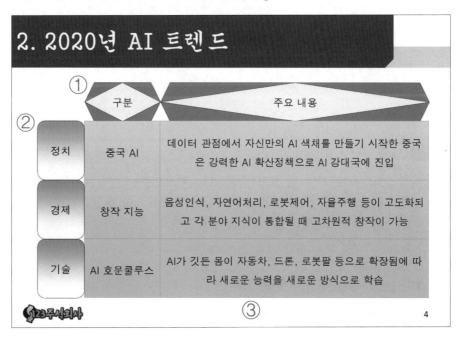

배점**100** 점

무료 동영상

[슬라이드 5] 차트 슬라이드

차트를 삽입한 후 차트 종류, 차트 제목, 차트 영역, 그림 영역, 데이터 계열, 데이터 요소 서식, 데이터 테이블 표시 등을 편집하고 도형을 이용하여 텍스트를 작성합니다.

● 정답 파일 : Section05(정답).pptx

[슬라이드 5] 차트 슬라이드

(1) 차트 작성 기능을 이용하여 슬라이드를 작성한다.

(2) 차트 : 종류(묶은 세로 막대형), 글꼴(돋움, 16pt), 외곽선

세부조건

· 차트제목 : 궁서, 24pt, 굵게, 채우기(흰색), 테두리, 그림자(오프셋 오른쪽)
· 차트영역 : 채우기(노랑)
  그림영역 : 채우기(흰색)
· 데이터 서식 : 2027 계열을 표식이 있는 꺾은선형으로 변경 후 보조축으로 지정
· 값 표시 : 전체의 2020 계열만

① 도형 편집
 - 스타일 :
   미세효과 – 파랑, 강조1
 - 글꼴 : 굴림, 18pt

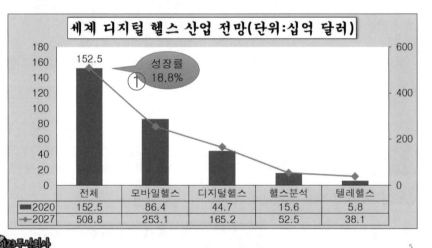

핵심 체크

1. 내용 상자의 [차트 삽입] 도구나 [삽입] 탭–[일러스트레이션] 그룹–[차트] 도구를 이용하여 작성
2. 차트 작성 및 편집 : 제목, 차트 영역, 그림 영역, 데이터 계열, 데이터 요소 서식, 데이터 테이블 표시 등을 편집
3. 도형 작성 : 차트 위에 도형 작성 후 데이터 입력

※ 작성 순서
차트 삽입 → 차트 편집 → 도형 작성

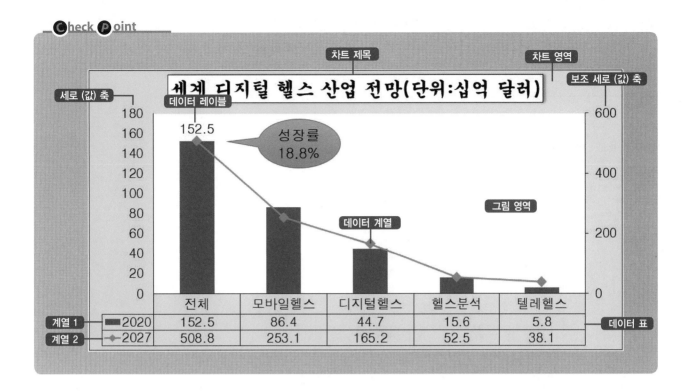

The chart shows:

차트 제목 / 차트 영역 / 보조 세로 (값) 축 / 세로 (값) 축 / 데이터 레이블 / 성장률 18.8% / 그림 영역 / 데이터 계열

세계 디지털 헬스 산업 전망(단위:십억 달러)

	전체	모바일헬스	디지털헬스	헬스분석	텔레헬스
계열 1 ■ 2020	152.5	86.4	44.7	15.6	5.8
계열 2 ◆ 2027	508.8	253.1	165.2	52.5	38.1

데이터 표

단계 1 **기본 차트 작성**

1 다섯 번째 슬라이드를 선택하고 슬라이드 상단 제목에 '3. 세계 디지털 헬스 산업 전망'을 입력한 후 내용 상자에서 [차트 삽입 ▮▮] 도구를 클릭합니다.

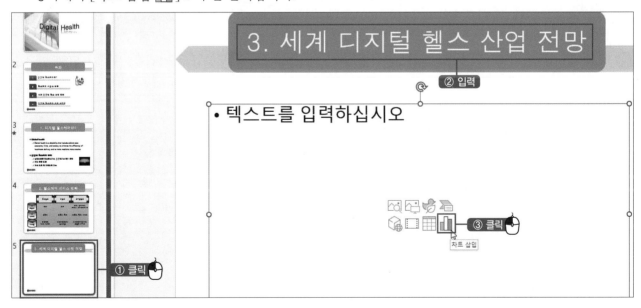

2 [차트 삽입] 대화상자에서 [혼합 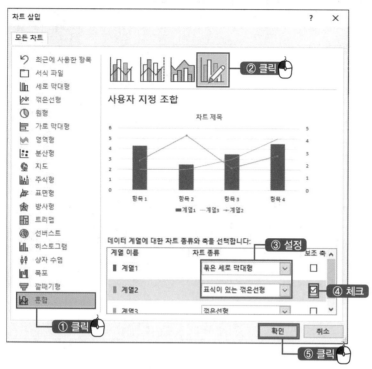]–[사용자 지정 조합 📊]을 선택합니다. '계열1 : 묶은 세로 막대형', '계열2 : 표식이 있는 꺾은선형'을 선택한 후 계열2의 '보조 축'에 체크 표시를 하고 [확인] 단추를 클릭합니다.

**C**heck **P**oint

[세로 막대형 📊]–[묶은 세로 막대형 📊]으로 설정한 후 계열 2를 '표식이 있는 꺾은선형, 보조 축'으로 변경해도 되지만, 《출력형태》를 보고 한번에 차트 종류를 설정하는 것이 시간을 단축할 수 있으며, 대부분 혼합형 차트가 출제됩니다.

3 엑셀 데이터 입력 창이 활성화되면 《출력형태》의 데이터를 입력할 만큼의 범위를 만들기 위해 마우스 포인트 모양이 🔲 일 때 드래그하여 범위를 지정합니다. 범위를 지정한 후 《출력형태》처럼 내용을 입력합니다.

**C**heck **P**oint

- 《출력형태》의 계열과 항목을 확인하여 범위를 지정하고 입력합니다. 해당 차트에서는 2개의 계열과 5개의 항목으로 구성되었습니다.
- 데이터 입력 창의 범위 밖에 있는 데이터는 차트에 영향을 주지 않으므로 삭제하지 않아도 됩니다.
- 수치에 천 단위 구분 기호(,)가 있을 경우 [셀 서식] 대화상자의 [표시 형식] 탭에서 '범주 : 숫자', '1000 단위 구분 기호(,) 사용'에 체크 표시합니다.

1. 차트 레이아웃 변경 및 기본 서식 변경

1 차트가 선택된 상태에서 [차트 디자인] 탭─[차트 레이아웃] 그룹─[빠른 레이아웃]에서 '레이아웃 5
( )'를 선택합니다.

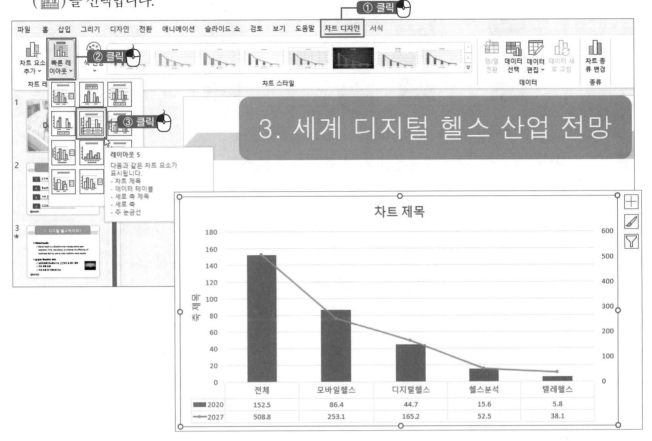

Ⓒheck Ⓟoint

레이아웃은 《출력형태》를 참고하여 가장 비슷한 모양을 선택합니다.

2 차트가 선택된 상태에서 차트 오른쪽의 [차트 요소]를 클릭하여 차트 요소의 표시 여부를 설정할 수
있습니다. [축 제목]─[기본 세로]의 체크 표시를 해제하면 기본 세로 축 제목이 표시되지 않습니다.

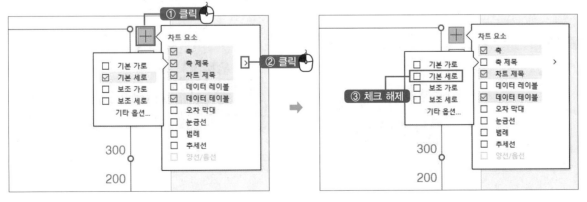

Check **P**oint

왼쪽의 축 제목을 클릭한 후 Delete 키를 눌러 삭제해도 됩니다.

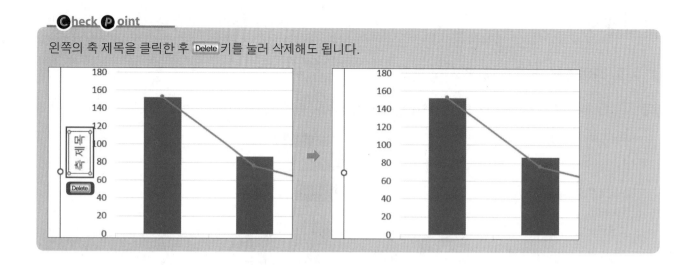

③ 차트가 선택된 상태에서 [차트 요소 ✚] 도구를 클릭한 후 [눈금선]–[기본 주 가로]의 체크를 해제하여 눈금선을 표시하지 않습니다.

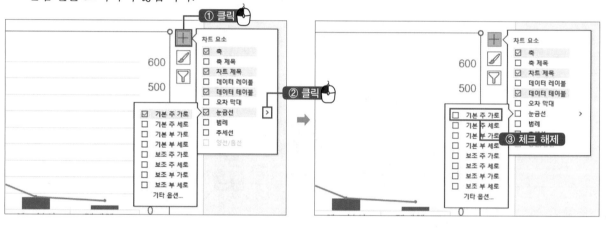

Check **P**oint

그림 영역에서 기본 주 가로 눈금선을 선택한 후 Delete 키를 눌러 삭제해도 됩니다.

④ 차트가 선택된 상태에서 [홈] 탭–[글꼴] 그룹에서 '글꼴 : 돋움', '글꼴 크기 : 16pt', '글꼴 색 : 검정, 텍스트 1'을 설정한 후 [서식] 탭–[도형 스타일] 그룹–[도형 윤곽선 ✎]에서 '검정, 텍스트 1'을 선택합니다.

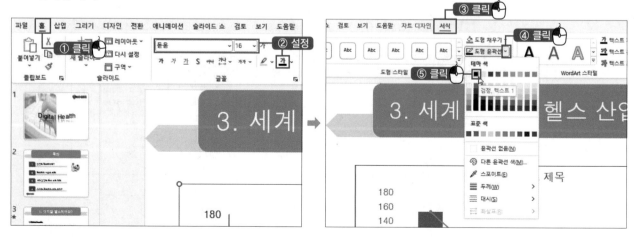

2. 차트 제목 편집

1 차트 제목을 클릭한 후 [홈] 탭에서 '글꼴 : 궁서', '글꼴 크기 : 24pt', '굵게', '글꼴 색 : 검정, 텍스트 1'을 설정합니다.

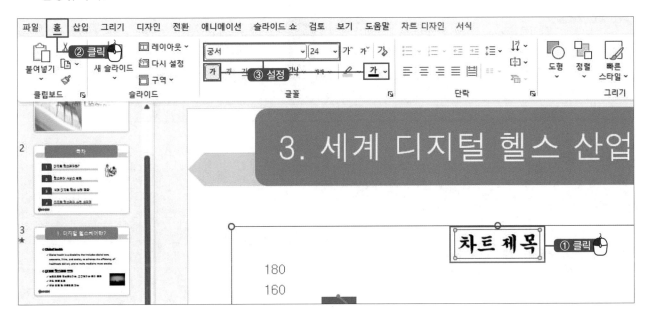

2 [서식] 탭-[도형 스타일] 그룹-[도형 채우기 🔷]에서 '흰색, 배경 1'을 선택한 후 [도형 윤곽선 ✏️]에서 '검정, 텍스트 1'을 선택합니다.

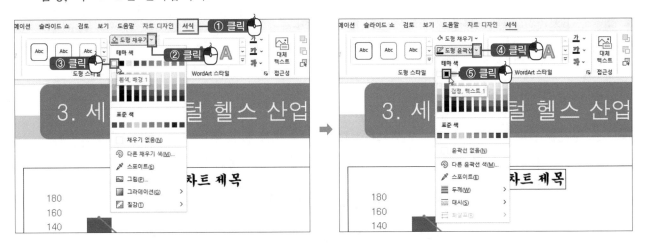

3 다시 [서식] 탭-[도형 스타일] 그룹-[도형 효과 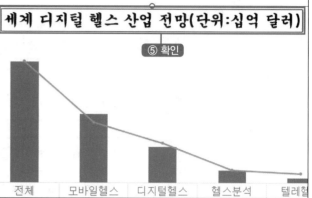]-[그림자]에서 '오프셋: 오른쪽'을 선택합니다. 기존 차트 제목을 삭제한 후 '세계 디지털 헬스 산업 전망(단위:십억 달러)'를 입력하고 [Esc]키를 두 번 눌러 선택을 해제합니다.

Check Point

차트 제목을 더블클릭하면 오른쪽에 [차트 제목 서식] 작업 창이 생성되며, [제목 옵션]-[효과]-[그림자]-[그림자 □]를 클릭한 후 '오프셋: 오른쪽'을 선택해도 됩니다.

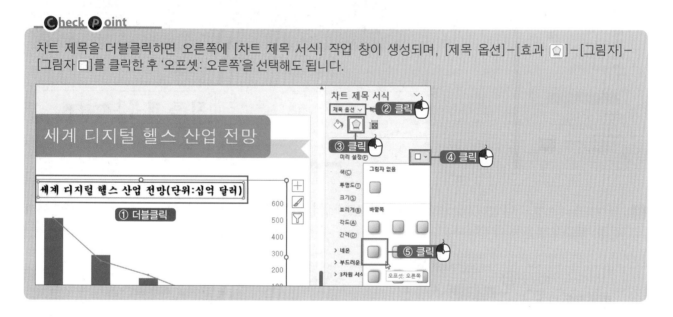

3. 차트 영역 및 그림 영역 색상 채우기

1 차트 영역을 클릭한 후 [서식] 탭-[도형 스타일] 그룹-[도형 채우기 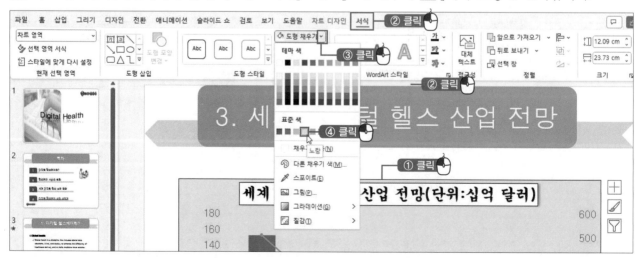]에서 '노랑'을 선택합니다.

2 그림 영역을 클릭한 후 [서식] 탭-[도형 스타일] 그룹-[도형 채우기 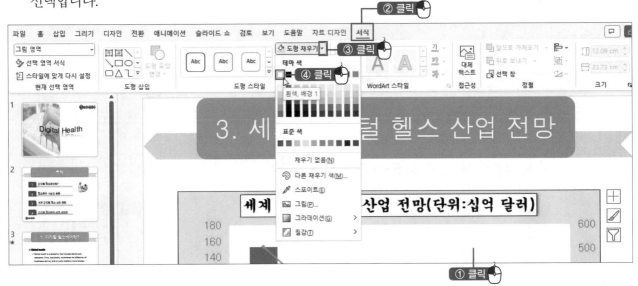]에서 '흰색, 배경 1'을 선택합니다.

4. 세로 (값) 축 및 보조 세로 (값) 축 설정하기

1 세로 (값) 축을 더블클릭한 후 [축 서식] 작업 창의 [축 옵션]-[채우기 및 선]-[선]-[윤곽선 색]에서 '검정, 텍스트 1'을 선택합니다.

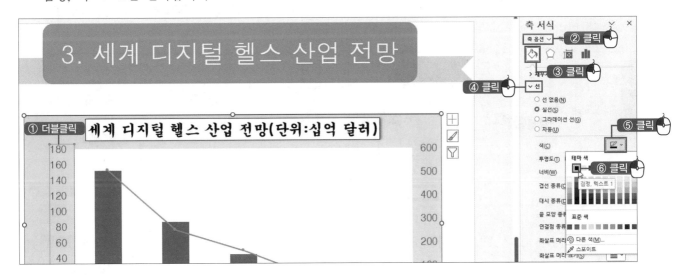

만약 [단계 2]-[1. 차트 레이아웃 변경 및 기본 서식 변경]의 ④번 따라하기에서 글꼴 색을 검은색으로 설정하지 않았다면, [텍스트 옵션]-[텍스트 채우기 및 윤곽선 Ⓐ]-[텍스트 채우기]-[색]-[채우기 색 ⚫]에서 '검정, 텍스트 1'을 선택합니다.

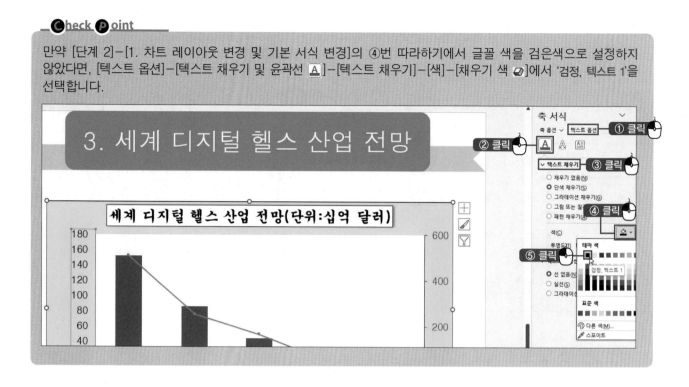

2 이번엔 보조 세로 (값) 축을 더블클릭 한 후 [축 서식] 작업 창의 [축 옵션]-[축 옵션 📊]에서 단위의 '기본 : 200'을 입력하고, [축 옵션]-[채우기 및 선 🖌]-[선]-[윤곽선 색 ✏]에서 '검정, 텍스트 1'을 선택합니다.

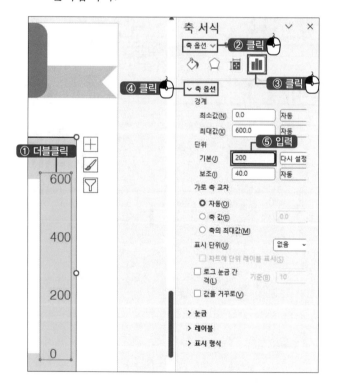
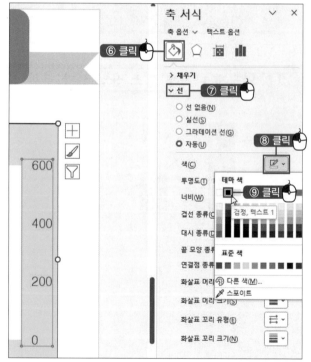

3 이번엔 데이터 표를 더블클릭한 후 [채우기 및 선 🖌]-[선]-[윤곽선 색 ✏]에서 '검정, 텍스트 1'을 선택합니다.

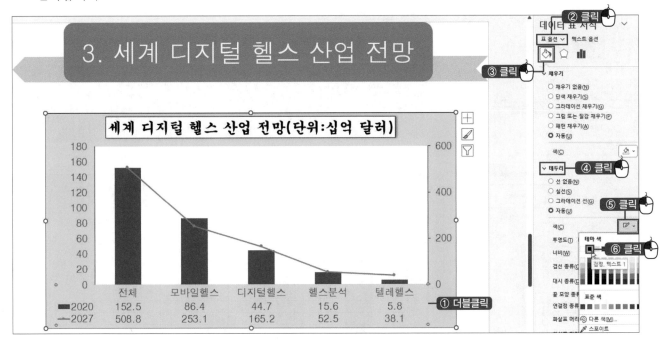

5. 값 표시 및 도형 작성하기

1 표식을 변경하기 위해 '2027' 계열을 더블클릭한 후 오른쪽 [데이터 계열 서식] 작업 창에서 [계열 옵션]-[채우기 및 선 🖌]-[표식 〰]-[표식 옵션]-[기본 제공]의 형식에서 '다이아몬드(◆)' 모양을 선택하고 크기를 '12' 정도로 설정합니다.

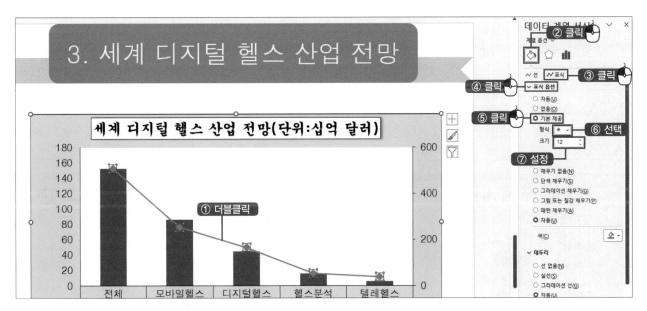

Check **P**oint

표식의 모양과 크기는 《출력형태》를 보고 설정합니다.

2 '2020' 계열의 '전체' 항목만 선택한 후 [차트 디자인] 탭-[차트 레이아웃] 그룹-[차트 요소 추가 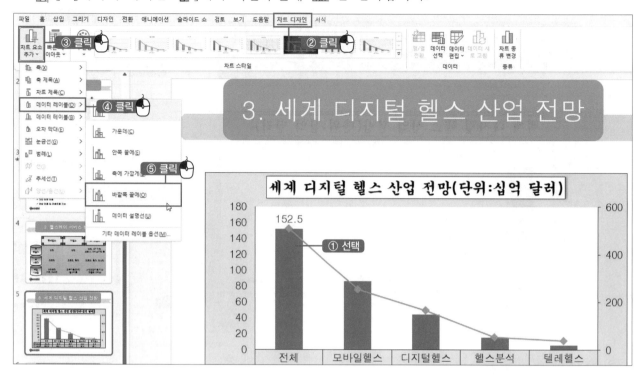]-[데이터 레이블]에서 '바깥쪽 끝에 '를 선택합니다.

**C**heck **P**oint

데이터 계열 요소 중 하나를 클릭하면 같은 계열 전체가 선택되며, 다시 하나만 클릭하면 클릭한 항목 하나만 선택됩니다.

3 '2020' 계열의 '전체' 항목의 값인 '152.5'만 선택된 상태에서 [홈] 탭의 글꼴 색에서 '검정, 텍스트 1'을 설정합니다.

4 [삽입] 탭-[일러스트레이션] 그룹-[도형]의 설명선에서 '말풍선: 타원형(○)'를 선택한 후 그림 영역 위에 드래그하여 삽입하고, 조절점( )을 드래그하여《출력형태》처럼 그립니다.

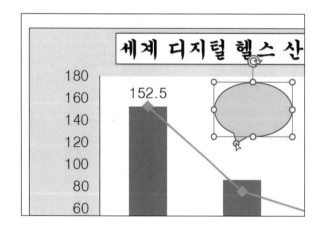
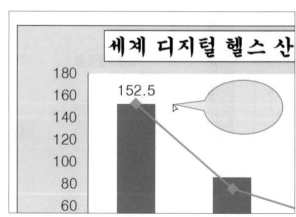

5 [도형 서식] 탭-[도형 스타일] 그룹-[빠른 스타일]에서 자세히(▾) 단추를 클릭한 후 테마 스타일에서 '미세효과-파랑, 강조 1'을 선택합니다.

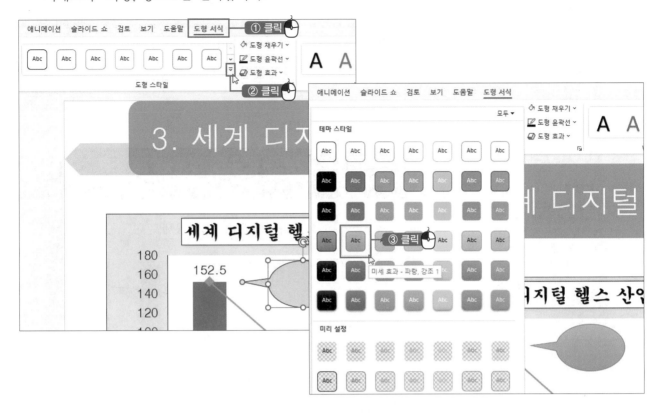

6 [홈] 탭-[글꼴] 그룹에서 '글꼴 : 굴림', '글꼴 크기 : 18pt', '글꼴 색 : 검정, 텍스트 1'을 설정한 후 '성장률 18.8%'를 입력합니다.

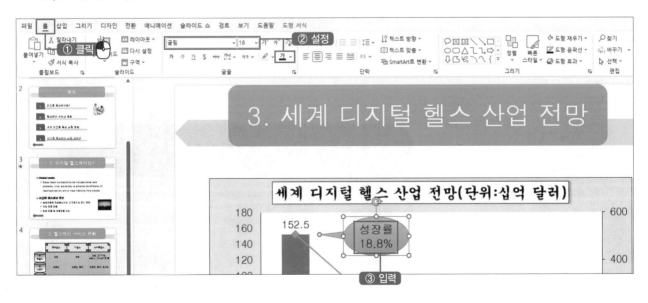

Check Point

텍스트가 도형의 범위를 벗어날 경우 조절점(○)을 이용하여 도형의 크기를 조절합니다.

7 차트 작업이 완료되면 전체적으로 크기 및 위치 등을 다시 한번 확인하여 조절한 후 [빠른 실행] 도구 모음의 [저장 💾] 도구를 클릭하여 저장합니다(또는 Ctrl + S 키).

실력 향상을 위한 실전 연습문제

● 예제 파일 : Section04_01(정답).pptx ● 정답 파일 : Section05_01(정답).pptx

01 다음 조건을 적용하여 슬라이드를 작성하시오.

(1) 차트작성 기능을 이용하여 슬라이드를 작성한다.
(2) 차트 : 종류(묶은 세로 막대형), 글꼴(돋움, 16pt), 외곽선

세부조건

※ 차트설명
· 차트제목 : 굴림, 24pt, 굵게, 채우기(흰색), 테두리, 그림자(오프셋 오른쪽)
· 차트영역 : 채우기(노랑)
  그림영역 : 채우기(흰색)
· 데이터 서식 : 1인 가구 비중(%)을 표식이 있는 꺾은선형으로 변경 후 보조축으로 지정
· 값 표시 : 2017년의 1인 가구(만 가구) 계열만

① 도형 삽입
- 스타일 :
미세효과 – 파랑, 강조1
- 글꼴 : 굴림, 18pt

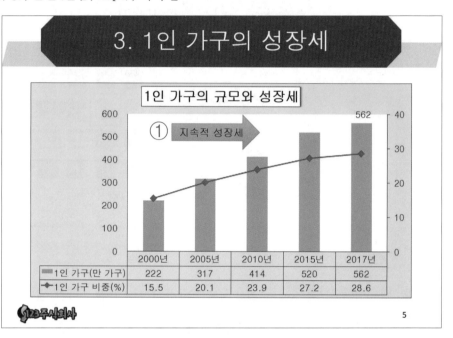

● 예제 파일 : Section04_02(정답).pptx ● 정답 파일 : Section05_02(정답).pptx

02 다음 조건을 적용하여 슬라이드를 작성하시오.

(1) 차트작성 기능을 이용하여 슬라이드를 작성한다.
(2) 차트 : 종류(묶은 세로 막대형), 글꼴(돋움, 16pt), 외곽선

세부조건

※ 차트설명
· 차트제목 : 굴림, 24pt, 굵게, 채우기(흰색), 테두리, 그림자(오프셋 오른쪽)
· 차트영역 : 채우기(노랑)
  그림영역 : 채우기(흰색)
· 데이터 서식 : 세계평균을 표식이 있는 꺾은선형으로 변경 후 보조축으로 지정
· 값표시 : 2100년의 우리나라 계열만

① 도형 삽입
- 스타일 :
미세효과 – 파랑, 강조1
- 글꼴 : 굴림, 18pt

3. 도시쇠퇴(인구구조)

연도별 출산율 추이(단위:%)

① OECD 국가 중 최하위

1.08

	1960년	2000년	2020년	2050년	2100년
우리나라	6.00	1.47	1.08	1.08	1.08
세계평균	4.45	2.55	2.32	2.10	2.00

● 예제 파일 : Section04_03(정답).pptx ● 정답 파일 : Section05_03(정답).pptx

03 다음 조건을 적용하여 슬라이드를 작성하시오.

(1) 차트작성 기능을 이용하여 슬라이드를 작성한다.
(2) 차트 : 종류(묶은 세로 막대형), 글꼴(돋움, 16pt), 외곽선

세부조건

※ 차트설명
· 차트제목 : 굴림, 24pt, 굵게, 채우기(흰색),테두리, 그림자(오프셋 오른쪽)
· 차트영역 : 채우기(노랑) 그림영역 : 채우기(흰색)
· 데이터 서식 : 용각류 계열을 표식이 있는 꺾은선형으로 변경 후 보조축으로 지정
· 값 표시 : 보성의 조각류 계열만
· 데이터 테이블 표시

① 도형 삽입
– 스타일 : 미세효과 – 파랑, 강조1
– 글꼴 : 굴림, 18pt

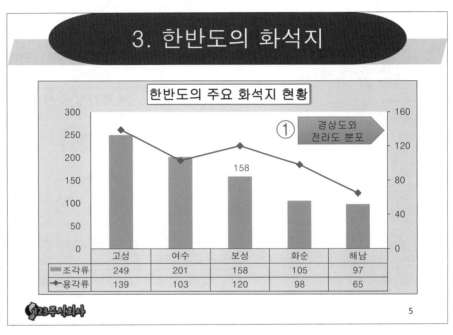

● 예제 파일 : Section04_04(정답).pptx ● 정답 파일 : Section05_04(정답).pptx

04 다음 조건을 적용하여 슬라이드를 작성하시오.

(1) 차트작성 기능을 이용하여 슬라이드를 작성한다.
(2) 차트 : 종류(묶은 세로 막대형), 글꼴(굴림, 16pt), 외곽선

세부조건

※ 차트설명
· 차트제목 : 궁서, 24pt, 굵게, 채우기(흰색), 테두리, 그림자(오프셋 오른쪽)
· 차트영역 : 채우기(노랑) 그림영역 : 채우기(흰색)
· 데이터 서식 : 수소차 계열을 표식이 있는 꺾은선형으로 변경 후 보조축으로 지정
· 값 표시 : 2020년의 자동차 총 등록대수(백만대) 계열만
· 데이터 테이블 표시

① 도형 삽입
– 스타일 : 미세효과 – 파랑, 강조1
– 글꼴 : 굴림, 18pt

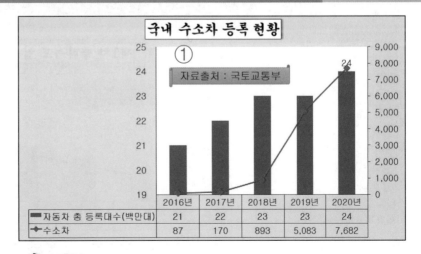

● 예제 파일 : Section04_05(정답).pptx ● 정답 파일 : Section05_05(정답).pptx

05 다음 조건을 적용하여 슬라이드를 작성하시오.

(1) 차트작성 기능을 이용하여 슬라이드를 작성한다.
(2) 차트 : 종류(묶은 세로 막대형), 글꼴(돋움, 16pt), 외곽선

세부조건

※ 차트제목 : 궁서, 24pt, 굵게, 채우기(흰색), 테두리, 그림자(오프셋 왼쪽)
· 차트영역 : 채우기(노랑)
  그림영역 : 채우기(흰색)
· 데이터 서식 : 2020년 계열을 표식이 있는 꺾은선형으로 변경 후 보조축으로 지정
· 값 표시 : 화장품의 2015년 계열만
· 데이터 테이블 표시

① 도형 삽입
- 스타일 :
  미세효과 - 파랑, 강조1
- 글꼴 : 굴림, 18pt

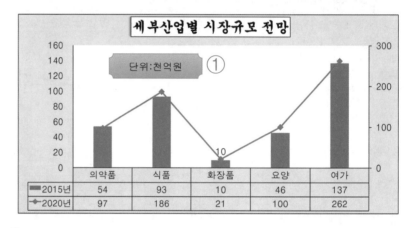

● 예제 파일 : Section04_06(정답).pptx ● 정답 파일 : Section05_06(정답).pptx

06 다음 조건을 적용하여 슬라이드를 작성하시오.

(1) 차트작성 기능을 이용하여 슬라이드를 작성한다.
(2) 차트 : 종류(묶은 세로 막대형), 글꼴(돋움, 16pt), 외곽선

세부조건

※ 차트제목 : 궁서, 24pt, 굵게, 채우기(흰색), 테두리, 그림자(오프셋 오른쪽)
· 차트영역 : 채우기(노랑)
  그림영역 : 채우기(흰색)
· 데이터 서식 : 시장규모 계열을 표식이 있는 꺾은선형으로 변경 후 보조축으로 지정
· 값 표시 : 2019년의 업체수 계열만

① 도형 삽입
- 스타일 :
  미세효과 - 파랑, 강조1
- 글꼴 : 굴림, 18pt

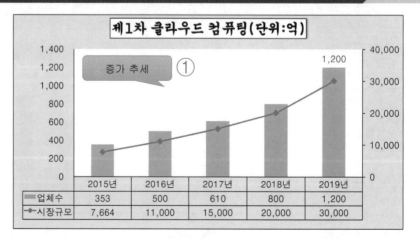

[슬라이드 6] 도형 슬라이드

배점 **100** 점

무료 동영상

여러 가지 도형과 스마트아트로 두 그룹의 도형을 작성하고 애니메이션을 지정한 후 애니메이션의 순서를 지정합니다.

● 정답 파일 : Section06(정답).pptx

[슬라이드 6] 도형 슬라이드

(1) 슬라이드와 같이 도형 및 스마트아트를 배치한다(글꼴 : 굴림, 18pt).

(2) 애니메이션 순서 : ① ⇒ ②

세부조건

① 도형 및 스마트아트 편집
– 스마트아트 디자인 : 3차원 만화, 3차원 경사
– 그룹화 후 애니메이션 효과 : 닦아내기(위에서)

② 도형 편집
– 그룹화 후 애니메이션 효과 : 바운드

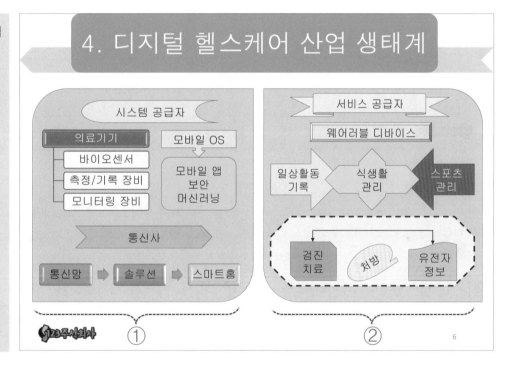

핵심 체크

1. 도형 작성 : [삽입] 탭–[일러스트레이션] 그룹–[도형 🔘]에서 여러 가지 도형을 작성하고, [삽입] 탭–[일러스트레이션] 그룹–[SmartArt 🖼]에서 스마트아트로 도형을 작성한 후 [도형 서식] 탭–[정렬] 그룹–[그룹화 🖼]–[그룹]으로 도형을 그룹화

2. 애니메이션 작업 : [애니메이션] 탭–[애니메이션] 그룹에서 자세히(🔻) 단추를 클릭하여 두 그룹의 도형에 애니메이션을 지정하고 실행 순서 지정

※ 도형의 작성 방법은 도형을 먼저 작성한 후 내용을 입력하는 방법과 도형을 작성하면서 내용을 입력하는 방법이 있지만, 겹쳐 있는 도형의 작성 순서는 밑에 있는 도형부터 작성합니다.

※ 작성 순서
도형 작성(도형, SmartArt) → 그룹화 → 사용자 애니메이션 효과 지정

1 여섯 번째 슬라이드를 선택한 후 슬라이드 상단 제목에 '4. 디지털 헬스케어 산업 생태계'를 입력하고
내용 상자를 선택한 후 Delete 키를 눌러 삭제합니다.

___Check Point___

내용 상자 안의 [SmartArt 그래픽 삽입 🖼️] 도구를 클릭하여 스마트아트를 삽입하면 나중에 도형과 그룹화할 수
없게 됩니다.

2 [삽입] 탭-[일러스트레이션] 그룹-[도형 🔴]의 사각형에서 '사각형: 둥근 대각선 방향 모서리'를 선택한
후 드래그하여 삽입합니다. 삽입 후 조절점(○)으로 조절하여 《출력형태》처럼 만듭니다.

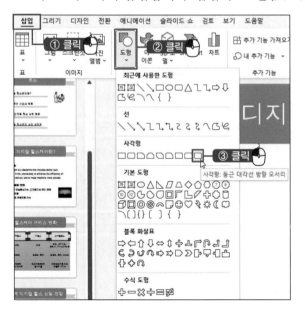

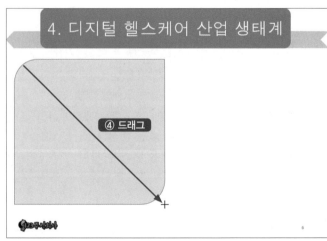

- 도형의 두께는 지시사항에 없으므로 채점 대상이 아니지만, 그동안의 기출문제를 분석해보면 일반적으로 얇은 테두리는 1/4pt, 두꺼운 선(특히 파선)은 2¼pt로 설정하고, 그 외는 출력형태를 보고 판단하면 됩니다.
- 도형 작성 시 출력형태를 고려하여 색상, 윤곽선, 선 두께를 임의로 변경해도 되지만, 도형의 색상, 윤곽선, 두께는 채점 대상이 아닙니다.

3 도형이 선택된 상태에서 [홈] 탭-[글꼴] 그룹에서 '글꼴 : 굴림', '글꼴 크기 : 18pt', '글꼴 색 : 검정, 텍스트 1'을 설정합니다. 모든 설정이 끝나면 도형 위에서 마우스 오른쪽 버튼을 눌러 바로가기 메뉴에서 [기본 도형으로 설정]을 클릭합니다.

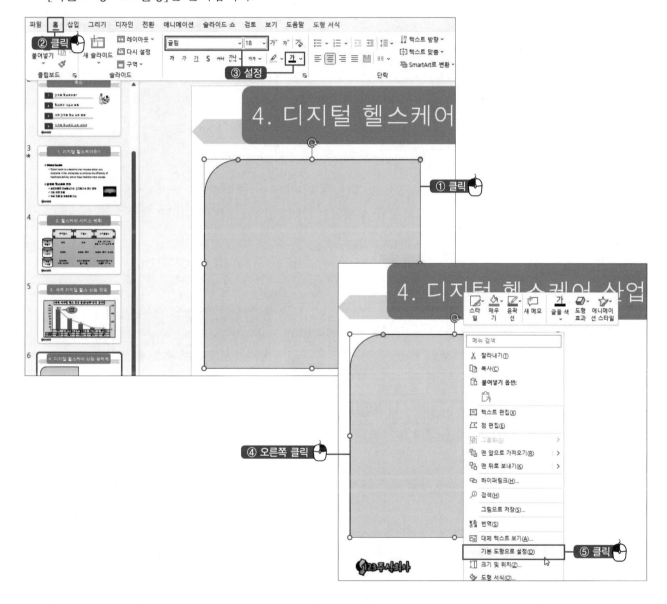

기본 도형으로 설정한 도형 다음에 작업하는 도형들은 모두 기본 도형으로 작성한 도형의 테두리 윤곽선의 색과 두께 및 글꼴(크기, 색상 포함)이 적용되므로 작성 시간을 단축시킬 수 있습니다. 다만, '텍스트 상자'와 '스마트아트'는 기본 도형 서식이 적용되지 않으며, 《출력형태》와 다른 지시사항은 별도로 설정합니다.

4 [삽입] 탭-[일러스트레이션] 그룹-[도형 🔲]의 순서도에서 '순서도: 저장 데이터' 도형을 선택한 후 둥근 대각선 방향의 모서리 상단 위에 드래그하여 그립니다. "시스템 공급자"를 입력한 후 [도형 서식] 탭-[도형 스타일] 그룹-[도형 채우기 🎨]에서 임의의 색(밝은 회색, 배경 2)을 설정합니다.

 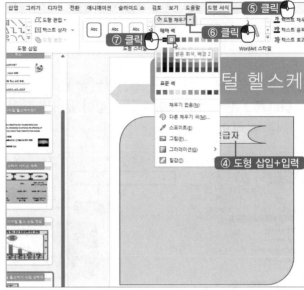

5 [삽입] 탭-[일러스트레이션] 그룹-[SmartArt 🖼️] 도구를 클릭한 후 [SmartArt 그래픽 선택] 대화상자에서 '관계형 : 계층 구조 목록형'을 선택하고 [확인] 단추를 클릭합니다.

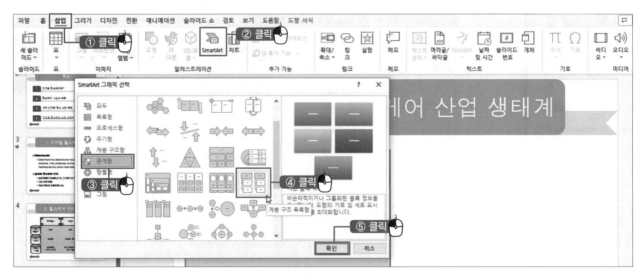

6 《출력형태》와 같은 형태를 만들기 위해 오른쪽 도형 3개를 Shift 키를 누른 상태에서 선택한 후 Delete 키를 눌러 삭제합니다. 다시 왼쪽 첫 번째 도형을 선택한 후 [SmartArt 디자인] 탭-[그래픽 만들기] 그룹-[도형 추가 ➕]의 자세히(⌄)) 단추를 클릭하고 [아래에 도형 추가 🔲]를 클릭하여 도형을 추가합니다.

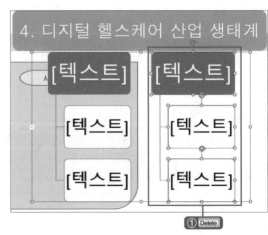

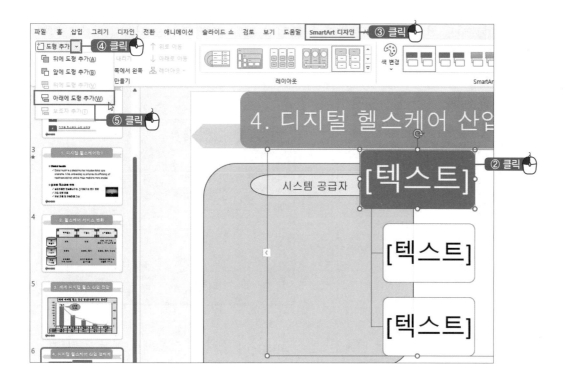

7 스마트아트가 선택된 상태에서 [홈] 탭-[글꼴] 그룹에서 '글꼴 : 굴림', '글꼴 크기 : 18pt'를 설정하고 도형에 내용을 입력합니다. 도형에 직접 입력해도 되고, 텍스트 입력 창 단추(❮) 단추를 클릭하여 입력해도 됩니다.

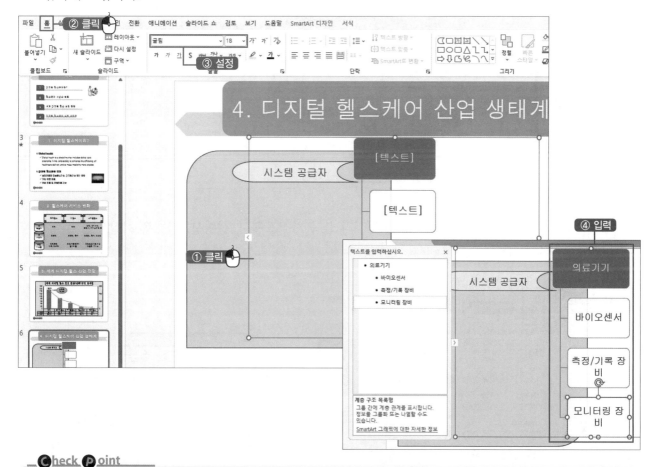

Check Point

텍스트 입력 창을 이용할 경우 Enter 키를 누르면 도형이 추가되므로 키보드의 아래 화살표(▼)를 이용하여 이동합니다.

8 Shift 키를 이용하여 스마트아트 전체 도형을 선택한 후 조절점(○)을 이용하여 크기와 위치를 조절하여 《출력형태》처럼 만듭니다.

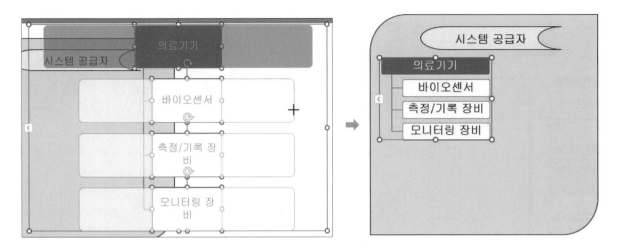

9 스마트아트가 선택된 상태에서 [SmartArt 디자인] 탭-[SmartArt 스타일] 그룹에서 빠른 스타일(ˇ) 단추를 클릭한 후 '3차원 : 만화'를 선택합니다. Esc 키를 눌러 선택을 해제합니다.

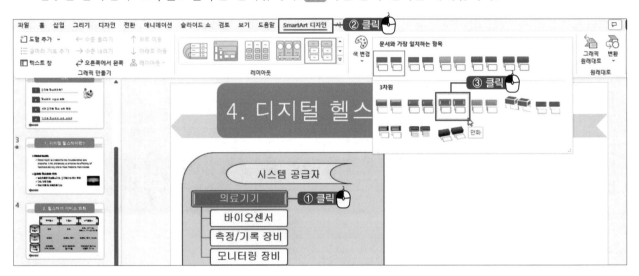

10 [삽입] 탭-[일러스트레이션] 그룹-[도형 ▱]의 블록 화살표에서 '설명선: 아래쪽 화살표'를 선택한 후 드래그하여 삽입합니다.

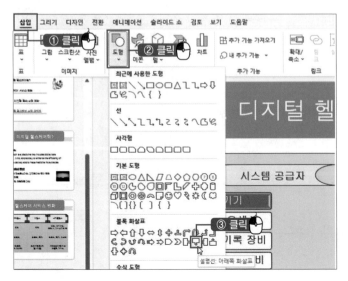

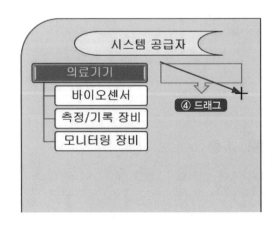

11 아래쪽 화살표가 선택된 상태에서 [도형 서식] 탭-[도형 스타일] 그룹-[도형 채우기 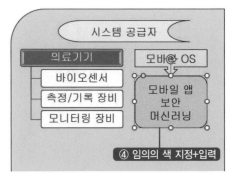]에서 임의의 색(황금색, 강조 4, 60% 더 밝게)을 설정한 후 '모바일 OS'를 입력합니다.

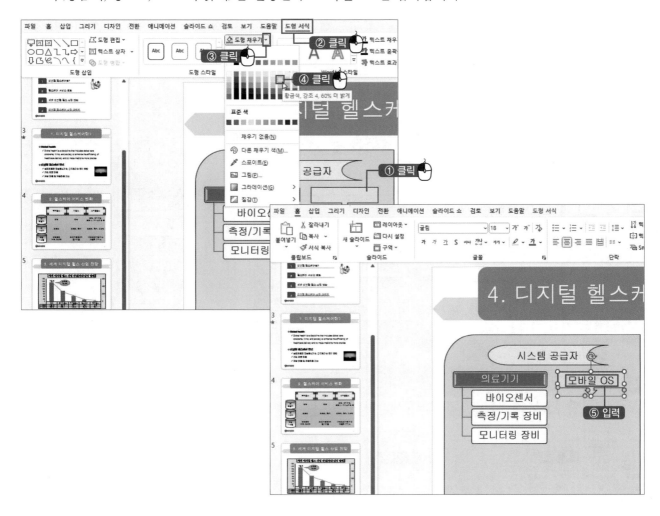

12 [삽입] 탭-[일러스트레이션] 그룹-[도형]의 사각형에서 '사각형: 둥근 모서리'를 선택한 후 드래그하여 삽입합니다. 같은 방법으로 임의의 색(주황, 강조 2, 60% 더 밝게)을 설정하고 '모바일 앱 보안 머신러닝'을 입력합니다.

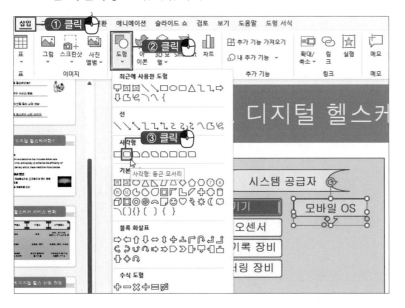

13 [삽입] 탭-[일러스트레이션] 그룹-[도형 🔾]의 블록 화살표에서 '화살표: 갈매기형 수장'을 선택한 후 드래그하여 삽입합니다. 같은 방법으로 임의의 색(주황, 강조 2, 40% 더 밝게)을 설정하고 '통신사'를 입력합니다.

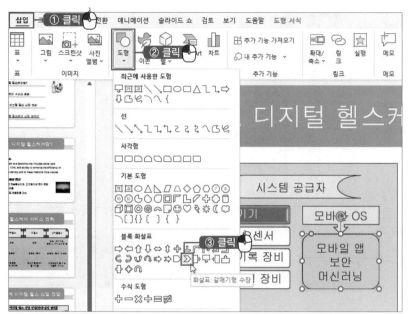

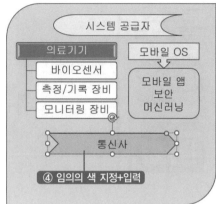

14 [삽입] 탭-[일러스트레이션] 그룹-[SmartArt 📊] 도구를 클릭한 후 [SmartArt 그래픽 선택] 대화상자에서 '프로세스형 : 기본 프로세스형'을 선택하고 [확인] 단추를 클릭합니다.

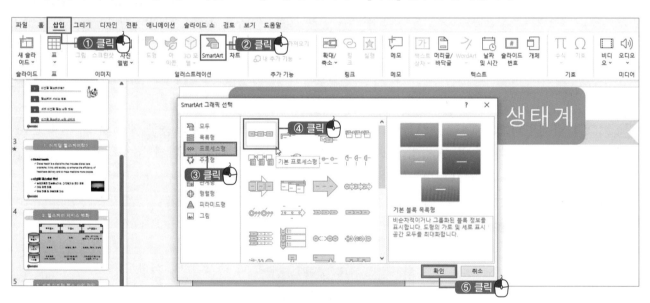

15 스마트아트가 선택된 상태에서 [홈] 탭-[글꼴] 그룹에서 '글꼴 : 굴림', '글꼴 크기 : 18pt'를 설정하고 도형에 내용을 입력합니다. 스마트아트 전체 도형을 선택한 후 조절점(○)을 이용하여 크기와 위치를 조절하여 《출력형태》처럼 만듭니다.

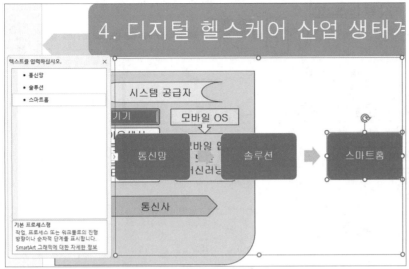

Check Point

스마트아트의 글꼴 색에 '검정, 텍스트 1'을 설정하고 스마트아트 디자인을 설정하면 글꼴 색이 변경될 수 있으므로, 스마트아트 디자인을 설정한 후 글꼴 색을 설정합니다.

16 스마트아트가 선택된 상태에서 [SmartArt 디자인] 탭-[SmartArt 스타일] 그룹에서 빠른 스타일(⋁) 단추를 클릭한 후 '3차원 : 경사'를 선택합니다.

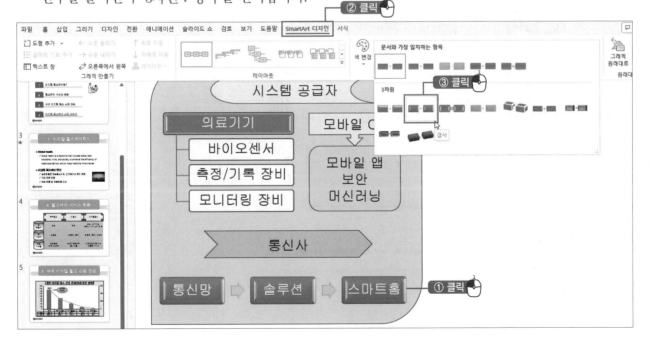

🔟 《출력형태》처럼 스마트아트의 색상을 다르게 하기 위해 [SmartArt 디자인] 탭-[SmartArt 스타일] 그룹-[색 변경 🎨]에서 임의의 색상(색상형-강조색)을 설정하고, [홈] 탭에서 '글꼴 색 : 검정, 텍스트 1'을 설정합니다.

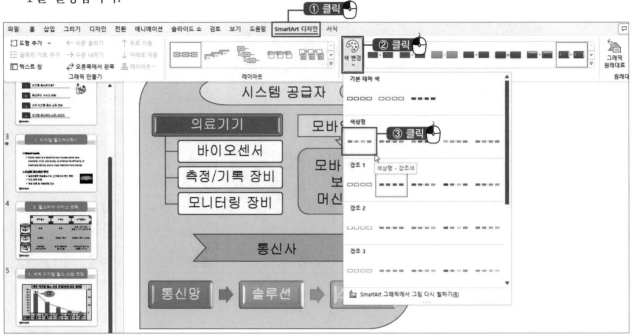

ⓒheck ⓟoint

시험지에는 컬러가 보이지 않지만 미세하게 구분되는 경우도 있습니다. 이 경우 채점 대상은 아니지만, 스마트아트에 서로 다른 색을 설정할 수 있는데, [SmartArt 디자인] 탭-[SmartArt 스타일] 그룹-[색 변경 🎨]에서 색상을 설정하거나 임의의 색을 설정해도 됩니다.

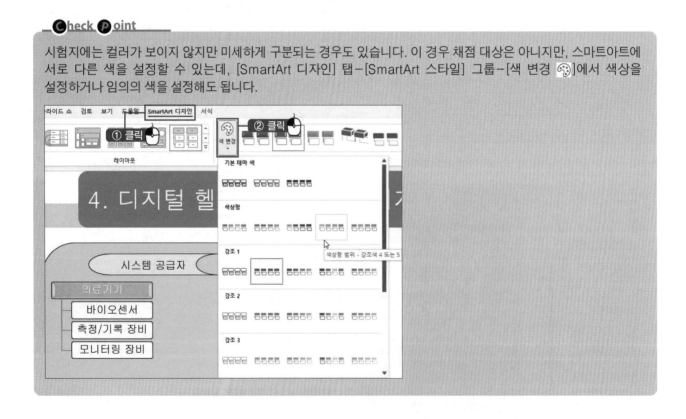

1 첫 번째 도형 그룹에서 작성했던 '사각형: 둥근 대각선 방향 모서리' 도형을 선택하고 Ctrl + C 키를 눌러 복사한 후 Ctrl + V 키를 눌러 붙여넣기 합니다. 이후 오른쪽으로 드래그하여 《출력형태》처럼 위치시킵니다.

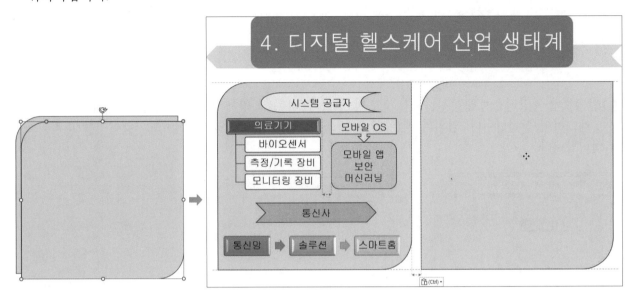

ⓒheck ⓟoint

두 도형이 같고 방향이 반대인 문제인 경우, 위 방법대로 하면 도형의 크기나 색상 등을 수정할 필요가 없어 시간을 단축할 수 있습니다. 물론, 도형을 복사하지 않고 직접 그려서 작성해도 됩니다.

2 도형이 선택된 상태에서 [도형 서식] 탭-[정렬] 그룹-[회전 ⟲]에서 '좌우 대칭 ◭'을 클릭합니다.

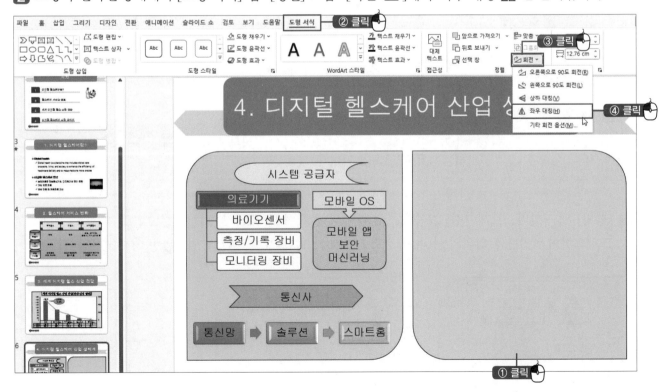

3 [삽입] 탭-[일러스트레이션] 그룹-[도형 🔾]의 별 및 현수막에서 '리본: 위로 기울어짐 ▐▗▞'을 선택한
후 드래그하여 삽입합니다. 임의의 색(파랑, 강조 5, 80% 더 밝게)을 설정하고 "서비스 공급자"를 입력한
후 《출력형태》와 같은 모양을 만들기 위해 조절점(●)을 왼쪽으로 드래그합니다.

4 [삽입] 탭-[일러스트레이션] 그룹-[도형 🔾]의 기본 도형에서 '사각형: 빗면 ▱'을 선택한 후
드래그하여 삽입합니다. 임의의 색(황금색, 강조 4, 60% 더 밝게)을 설정하고 "웨어러블 디바이스"를
입력합니다.

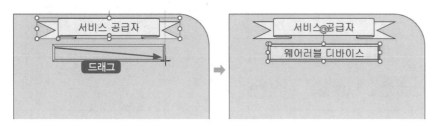

5 [삽입] 탭-[일러스트레이션] 그룹-[도형 🔾]의 블록 화살표에서 '화살표: 왼쪽/오른쪽/위쪽/아래쪽 ✛'
을 선택한 후 드래그하여 삽입하고, 《출력형태》와 같은 모양을 만들기 위해 조절점(●)을 왼쪽으로
드래그합니다. 임의의 색(황금색, 강조 4, 40% 더 밝게)을 설정하고 "식생활 관리"를 입력합니다.

Check Point

3개 이상의 도형이 한 줄에 위치할 경우 가운데 도형을 먼저 작성하고 좌우 도형을 그리는 것이 배치에 유리하며,
왼쪽부터 작성한 후 《출력형태》처럼 위치를 조정해도 됩니다.

6 [삽입] 탭-[일러스트레이션] 그룹-[도형 🔾]의 블록 화살표에서 '화살표: 오른쪽 ⇨'을 선택하고
드래그하여 삽입한 후 임의의 색(파랑, 강조 1, 80% 더 밝게)을 설정하고 "일상활동 기록"을 입력합니다.

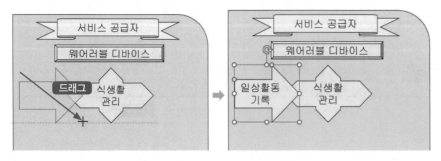

7 [도형 서식] 탭-[정렬] 그룹-[뒤로 보내기 🗖]-[뒤로 보내기]를 클릭하여 《출력형태》처럼 위치를 이동시킵니다.

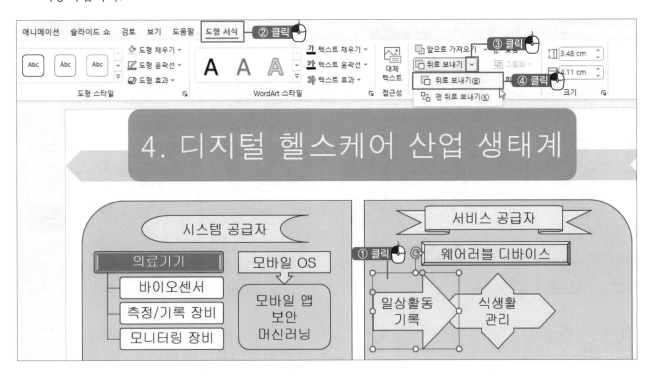

8 '화살표: 오른쪽 ⇨' 도형이 선택된 상태에서 Ctrl+C 키를 눌러 복사한 후 Ctrl+V 키를 눌러 붙여넣기 합니다. 복사한 도형을 《출력형태》처럼 이동시킨 후 임의의 색(녹색, 강조 6, 25% 더 어둡게), '글꼴 색 : 흰색, 배경 1'을 설정하고 "스포츠 관리"를 입력합니다.

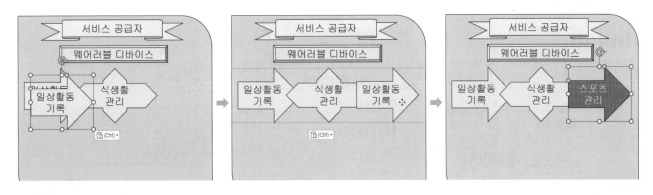

Check Point

같은 도형의 경우 작성 시간을 단축하기 위해 복사하여 수정하는 방법을 사용하는 것이 좋지만, 직접 도형을 그려 작성해도 됩니다.

9 [도형 서식] 탭-[정렬] 그룹-[회전 ⟲]-[좌우 대칭(◭)]을 클릭한 후 [도형 서식] 탭-[정렬] 그룹-[뒤로 보내기 ⬚]-[뒤로 보내기]를 클릭하여《출력형태》처럼 위치를 이동시킵니다.

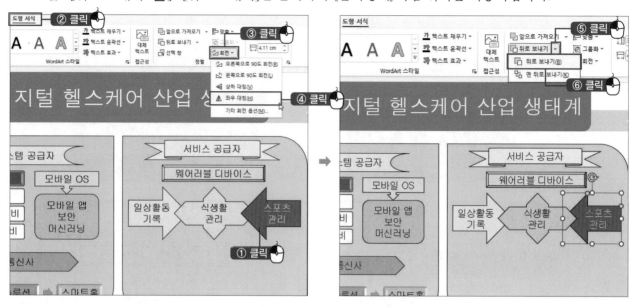

10 [삽입] 탭-[일러스트레이션] 그룹-[도형 ⬭]의 기본 도형에서 '팔각형 ⑧'을 선택하고 드래그하여 삽입한 후 임의의 색(황금색, 강조 4, 80% 더 밝게)을 설정합니다. [도형 서식] 탭-[도형 스타일] 그룹-[도형 윤곽선 ✎]-[대시 ▤]에서 '파선'을 선택하고, [도형 서식] 탭-[도형 스타일] 그룹-[도형 윤곽선 ✎]-[두께 ▤]에서 '2¼pt'를 선택합니다.

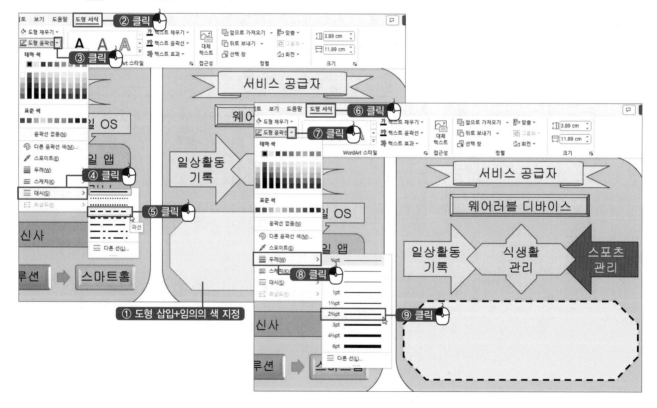

Check Point

도형의 두께는 지시사항에 없으므로 채점 대상이 아니지만, 그동안의 기출문제를 분석해보면 일반적으로 얇은 테두리는 ¼pt, 두꺼운 선(특히 파선)은 2¼pt로 설정하고, 그 외는 출력형태를 보고 판단하면 됩니다.

11 [삽입] 탭-[일러스트레이션] 그룹-[도형 📊]의 순서도에서 '순서도: 순차적 액세스 저장소 ◯'를 선택하고 드래그하여 삽입한 후 임의의 색(회색, 강조 3, 80% 더 밝게)을 설정하고 "처방"을 입력합니다. 회전 조절점(📊)을 왼쪽으로 드래그하여《출력형태》처럼 위치를 조정합니다.

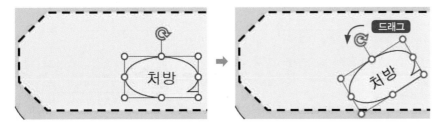

12 [삽입] 탭-[일러스트레이션] 그룹-[도형 📊]의 사각형에서 '사각형: 잘린 대각선 방향 모서리 ◻'를 선택하고 드래그하여 삽입한 후 임의의 색(밝은 회색, 배경 2, 25% 더 어둡게)을 설정하고 "검진치료"를 입력합니다.

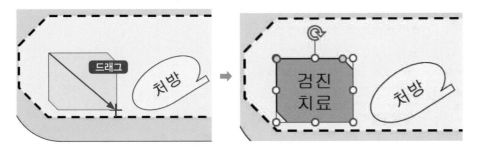

13 [삽입] 탭-[일러스트레이션] 그룹-[도형 📊]의 순서도에서 '순서도: 문서 ◻'를 선택하고 드래그하여 삽입한 후 임의의 색(파랑, 강조 1, 60% 더 밝게)을 설정합니다. 도형이 선택된 상태에서 [도형 서식] 탭-[정렬] 그룹-[회전 📊]에서 '상하 대칭 ◀', '좌우 대칭 ▲' 순서로 클릭하여 위치를 조정합니다.

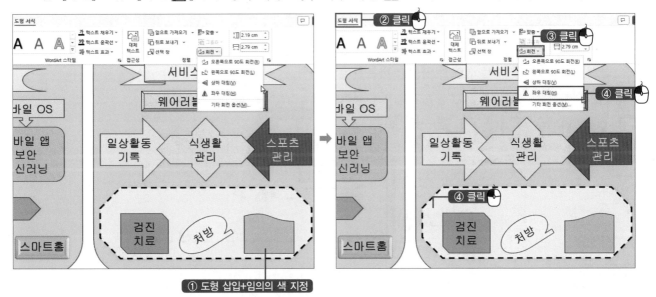

🔢 [삽입] 탭-[텍스트] 그룹-[텍스트 상자 ⑦]에서 '가로 텍스트 상자 그리기'를 선택한 후 드래그하여 '순서도: 문서' 도형 안에 삽입합니다. "유전자 정보"를 입력한 후 가로 텍스트 상자 테두리를 클릭하고, [홈] 탭-[글꼴] 그룹에서 '글꼴 : 굴림', '글꼴 크기 : 18pt'를 설정한 후 [홈] 탭-[단락] 그룹에서 '가운데 맞춤 ≡'를 클릭합니다.

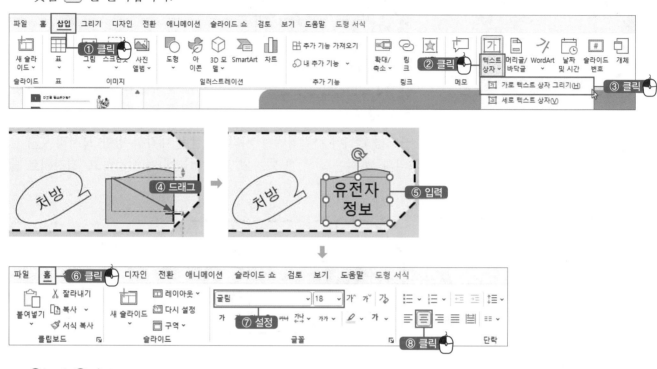

___Check Point___

회전된 도형 내부에 텍스트를 직접 입력할 때 《출력형태》처럼 표시할 수 없을 경우, 가로 텍스트 상자를 이용하여 입력합니다.

🔢 [삽입] 탭-[일러스트레이션] 그룹-[도형 ⬭]의 선에서 '연결선: 꺾인 양쪽 화살표'를 선택하고 '사각형: 잘린 대각선 방향 모서리 도형의 위쪽에서 시작점을 클릭하고 마우스를 누른 상태에서 오른쪽 '순서도: 문서' 도형의 위쪽의 끝 점에서 마우스 버튼을 놓습니다.

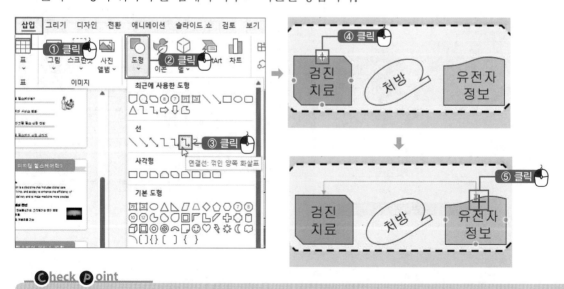

___Check Point___

두 도형 간을 연결선으로 연결할 때, 시작 점을 클릭만 하면 연결선이 작성되지 않으므로 반드시 시작 점을 클릭하면서 드래그하여 끝 점에서 마우스 버튼을 놔야 합니다.

16 '꺾인 양쪽 화살표'가 선택된 상태에서 [도형 서식] 탭-[도형 스타일] 그룹-[도형 윤곽선 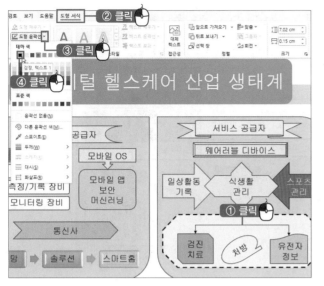]에서 '검정, 텍스트 1'을 선택한 후 '두께 ≡'에서 '2¼pt'를 선택합니다.

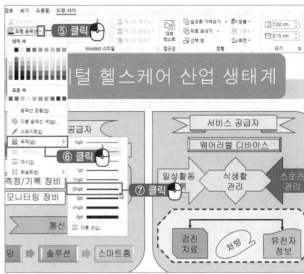

단계 3 **애니메이션 설정**

1 첫 번째 그룹의 도형을 그룹화하기 위해 그림과 같이 드래그하여 범위 지정한 후 마우스 오른쪽 버튼을 눌러 바로가기 메뉴에서 [그룹화 ⊞]-[그룹]을 클릭합니다.

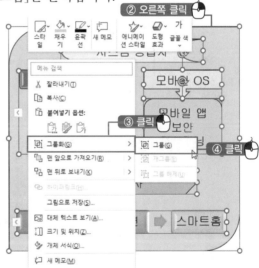

Check Point

도형을 선택한 후 [도형 서식] 탭-[정렬] 그룹-[그룹화 ⊞]-[그룹]을 선택하여 그룹화해도 됩니다.

2 두 번째 그룹의 도형을 그룹화하기 위해 그림과 같이 드래그하여 범위 지정한 후 바로가기 메뉴에서 [그룹화 ᆷ]-[그룹]을 클릭합니다.

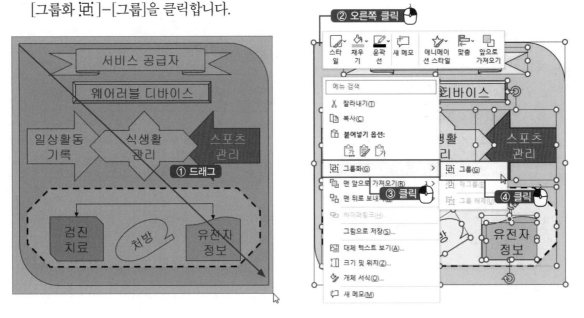

3 그룹화된 첫 번째 그룹을 선택하고 [애니메이션] 탭-[애니메이션] 그룹에서 애니메이션 스타일(▼) 단추를 클릭한 후 '나타내기 : 닦아내기'를 선택합니다. 다시 [효과 옵션 ↓] 도구를 클릭한 후 '위에서'를 선택합니다.

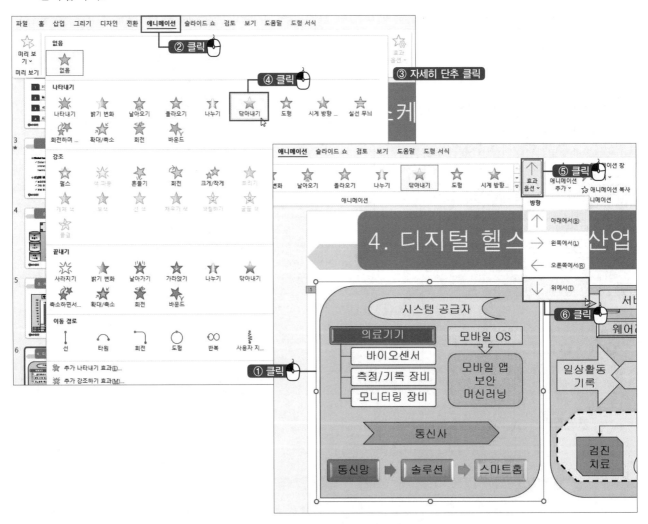

4 그룹화된 두 번째 그룹을 선택하고 [애니메이션] 탭-[애니메이션] 그룹에서 애니메이션 스타일(▽) 단추를 클릭한 후 '나타내기 : 바운드'를 선택합니다.

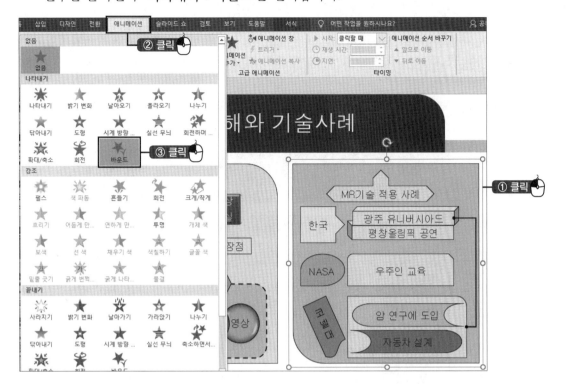

Check Point

[애니메이션] 탭-[미리 보기] 그룹의 [미리 보기 ☆] 도구를 클릭하면 설정한 애니메이션을 확인할 수 있으며, [타이밍] 그룹의 '애니메이션 순서 바꾸기'에서 애니메이션 순서를 바꿀 수도 있습니다.

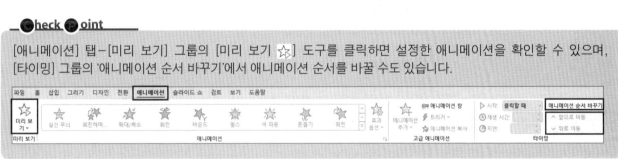

실력 향상을 위한 실전 연습문제

● 예제 파일 : Section05_01(정답).pptx   ● 정답 파일 : Section06_01(정답).pptx

01 다음 조건을 적용하여 슬라이드를 작성하시오.

(1) 슬라이드와 같이 도형 및 스마트아트를 배치한다(글꼴 : 돋움, 18pt).
(2) 애니메이션 순서 : ① ⇒ ②

세부조건

① 도형 및 스마트아트 편집
- 스마트아트 디자인 : 3차원 경사, 3차원 만화
- 그룹화 후 애니메이션 효과 : 날아오기(왼쪽에서)

② 도형 편집
그룹화 후 애니메이션 효과 : 회전

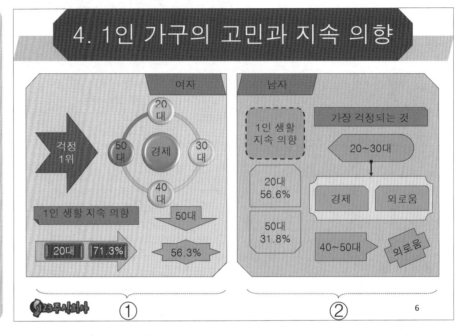

● 예제 파일 : Section05_02(정답).pptx   ● 정답 파일 : Section06_02(정답).pptx

02 다음 조건을 적용하여 슬라이드를 작성하시오.

(1) 슬라이드와 같이 도형 및 스마트아트를 배치한다(글꼴 : 돋움, 18pt).
(2) 애니메이션 순서 : ① ⇒ ②

세부조건

① 도형 및 스마트아트 편집
스마트아트 디자인 : 3차원 만화, 3차원 벽돌
- 그룹화 후 애니메이션 효과 : 시계 방향 회전(살 1개)

② 도형 편집
그룹화 후 애니메이션 효과 : 바운드

● 예제 파일 : Section05_03(정답).pptx ● 정답 파일 : Section06_03(정답).pptx

03 다음 조건을 적용하여 슬라이드를 작성하시오.

(1) 슬라이드와 같이 도형 및 스마트아트를 배치한다(글꼴 : 굴림, 18pt).
(2) 애니메이션 순서 : ①⇒②

세부조건

① 도형 및 스마트아트 편집
- 스마트아트 디자인 : 3차원 만화, 3차원 경사
- 그룹화 후 애니메이션 효과 : 닦아내기(위에서)

② 도형 편집
그룹화 후 애니메이션 효과 : 시계 방향 회전(살 1개)

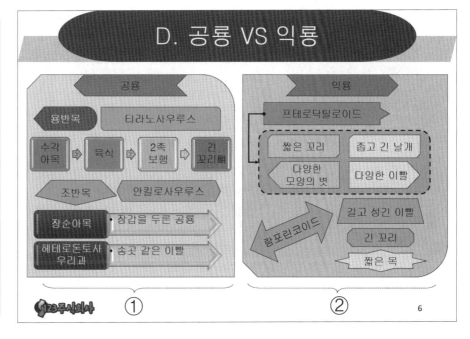

● 예제 파일 : Section05_04(정답).pptx ● 정답 파일 : Section06_04(정답).pptx

04 다음 조건을 적용하여 슬라이드를 작성하시오.

(1) 슬라이드와 같이 도형 및 스마트아트를 배치한다(글꼴 : 돋움, 18pt).
(2) 애니메이션 순서 : ① ⇒ ②

세부조건

① 도형 및 스마트아트 편집
- 스마트아트 디자인 : 3차원 만화, 강한 효과
- 그룹화 후 애니메이션 효과 : 나누기(세로 바깥쪽으로)

② 도형 편집
- 그룹화 후 애니메이션 효과 : 나타내기

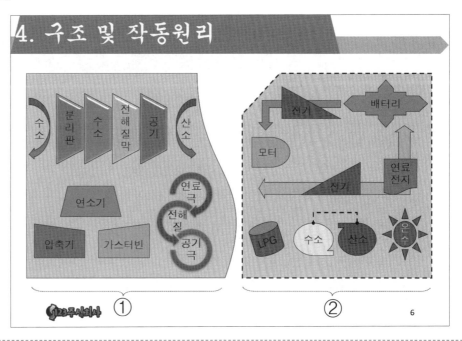

● 예제 파일 : Section05_05(정답).pptx   ● 정답 파일 : Section06_05(정답).pptx

05 다음 조건을 적용하여 슬라이드를 작성하시오.

(1) 슬라이드와 같이 도형 및 스마트아트를 배치한다(글꼴 : 굴림, 18pt).
(2) 애니메이션 순서 : ① ⇒ ②

세부조건

① 도형 및 스마트아트 편집
- 스마트아트 디자인 : 3차원 파우더, 3차원 만화
- 그룹화후 애니메이션 효과 : 도형(안으로)

② 도형 편집
- 그룹화 후 애니메이션 효과 : 나누기(세로 안쪽으로)

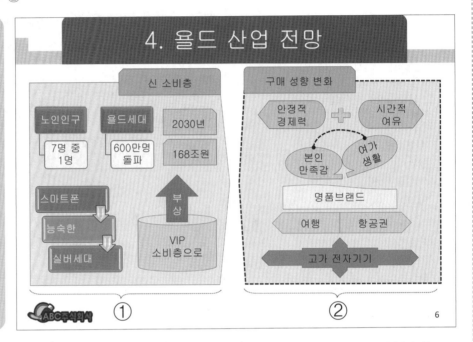

● 예제 파일 : Section05_06(정답).pptx   ● 정답 파일 : Section06_06(정답).pptx

06 다음 조건을 적용하여 슬라이드를 작성하시오.

(1) 슬라이드와 같이 도형 및 스마트아트를 배치한다(글꼴 : 굴림, 18pt).
(2) 애니메이션 순서 : ① ⇒ ②

세부조건

① 도형 및 스마트아트 편집
- 스마트아트 디자인 : 3차원 경사, 3차원 광택 처리
- 그룹화 후 애니메이션 효과 : 시계 방향 회전(살 1개)

② 도형 편집
- 그룹화 후 애니메이션 효과 : 바운드

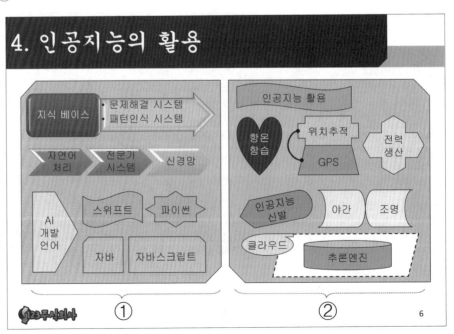

PART
2

기출유형
모의고사

Part 1에서 배운 시험에 나오는 파워포인트 기능을 토대로 시험에 출제되는
다양한 기능과 형태를 익혀 어떠한 문제가 출제되더라도
해결할 수 있도록 학습효과를 높입니다.

※정답 파일과 동영상 강의는 [자료실]에서 다운로드하세요.

기출유형 모의고사

I회

과목	코드	문제유형	시험시간	수험번호	성 명
파워포인트	1142	A	60분	12343001	

수 험 자 유 의 사 항

- 수험자는 문제지를 받는 즉시 문제지와 **수험표상의 시험과목(프로그램)이 동일한지 반드시 확인**하여야 합니다.
- 파일명은 본인의 "수험번호-성명"으로 입력하여 답안폴더(내 PC₩문서₩ITQ)에 하나의 파일로 저장해야 하며, 답안문서 파일명이 "수험번호-성명"과 일치하지 않거나, 답안파일을 전송하지 않아 미제출로 처리될 경우 실격 처리합니다 (예 : 12345678-홍길동.pptx).
- 답안 작성을 마치면 파일을 저장하고, '답안 전송' 버튼을 선택하여 감독위원 PC로 답안을 전송하십시오. 수험생 정보와 저장한 파일명이 다를 경우 전송되지 않으므로 주의하시기 바랍니다.
- 답안 작성 중에도 **주기적으로 저장하고 '답안 전송'**하여야 문제 발생을 줄일 수 있습니다. 작업한 내용을 저장하지 않고 전송할 경우 이전에 저장된 내용이 전송되오니 이점 유의하시기 바랍니다.
- 답안문서는 지정된 경로 외의 다른 보조기억장치에 저장하는 경우, 지정된 시험 시간 외에 작성된 파일을 활용할 경우, 기타 통신 수단(이메일, 메신저, 네트워크 등)을 이용하여 타인에게 전달 또는 외부 반출하는 경우는 부정 처리합니다.
- 시험 중 부주의 또는 고의로 시스템을 파손한 경우는 수험자가 변상해야 하며, 〈수험자 유의사항〉에 기재된 방법대로 이행하지 않아 생기는 불이익은 수험생 당사자의 책임임을 알려 드립니다.
- 문제의 조건은 MS오피스 2021 버전으로 설정되어 있으며 MS오피스 2016은【 】에 표기되어 있습니다. 이와 관련하여 작성한 답안의 출력형태가 문제지와 다를 수 있습니다.
- 시험을 완료한 수험자는 답안파일이 전송되었는지 확인한 후 감독위원의 지시에 따라 문제지를 제출하고 퇴실합니다.

답 안 작 성 요 령

- 온라인 답안 작성 절차
  수험자 등록 ⇒ 시험 시작 ⇒ 답안파일 저장 ⇒ 답안 전송 ⇒ 시험 종료
- 슬라이드 크기는 A4 Paper로 설정하여 작성합니다.
- 슬라이드의 총 개수는 6개로 구성되어 있으며 슬라이드 1부터 순서대로 작업하고 반드시 문제와 세부조건대로 합니다.
- 별도의 지시사항이 없는 경우 출력형태를 참조하여 글꼴색은 검정 또는 흰색으로 작성하고, 기타사항은 전체적인 균형을 고려하여 작성합니다.
- 슬라이드 도형 및 개체에 출력형태와 다른 스타일(그림자, 외곽선 등)을 적용했을 경우 감점처리 됩니다.
- 슬라이드 번호를 작성합니다(슬라이드 1에는 생략).
- 2~6번 슬라이드 제목 도형과 하단 로고는 슬라이드 마스터를 이용하여 출력형태와 동일하게 작성합니다(슬라이드 1에는 생략).
- 문제와 세부조건, 세부조건 번호 ◌ (점선원)는 입력하지 않습니다.
- 각 객체의 위치는 오른쪽의 슬라이드와 동일하게 구성합니다.
- 그림 삽입 문제의 경우 반드시 「내 PC₩문서₩ITQ₩Picture」 폴더에서 정확한 파일을 선택하여 삽입하십시오.
- 각 슬라이드를 각각의 파일로 작업해서 저장할 경우 실격 처리됩니다.

The Insight KPC
kpc 한국생산성본부

전체구성 60점

(1) 슬라이드 크기 및 순서 : 크기를 A4 용지로 설정하고 슬라이드 순서에 맞게 작성한다.
(2) 슬라이드 마스터 : 2~6슬라이드의 제목, 하단 로고, 슬라이드 번호는 슬라이드 마스터를 이용하여 작성한다.
 - 제목 글꼴(굴림, 40pt, 흰색), 가운데 맞춤, 도형(선 없음)
 - 하단 로고(「내 PC₩문서₩ITQ₩Picture₩로고2.jpg」, 배경(회색) 투명색으로 설정)

슬라이드 1   표지 디자인   40점

(1) 표지 디자인 : 도형, 워드아트 및 그림을 이용하여 작성한다.

세부조건
① 도형 편집
 - 도형에 그림 채우기 :
  「내 PC₩문서₩ITQ₩Picture
  ₩그림1.jpg」, 투명도 50%
 - 도형 효과 :
  부드러운 가장자리 5포인트

② 워드아트 삽입
 - 변환 : 삼각형, 위로
 - 글꼴 : 돋움, 굵게
 - 텍스트 반사 : 근접 반사,
  4pt 오프셋

③ 그림 삽입
 - 「내 PC₩문서₩ITQ₩Picture
  ₩로고2.jpg」
 - 배경(회색) 투명색으로 설정

슬라이드 2   목차 슬라이드   60점

(1) 출력형태와 같이 도형을 이용하여 목차를 작성한다(글꼴 : 굴림, 24pt).
(2) 도형 : 선 없음

세부조건
① 텍스트에 하이퍼링크 적용
 → '슬라이드 6'

② 그림 삽입
 - 「내 PC₩문서₩ITQ₩Picture
  ₩그림4.jpg」
 - 자르기 기능 이용

(1) 텍스트 작성 : 글머리 기호 사용(➤, ■)
  ➤문단(굴림, 24pt, 굵게, 줄간격 : 1.5줄), ■ 문단(굴림, 20pt, 줄간격 : 1.5줄)

세부조건

① 동영상 삽입 :
– 「내 PC₩문서₩ITQ₩Picture ₩동영상. wmv」
– 자동실행, 반복재생 설정

1. 여행이란?

➤ **Meaning of travel**

  ■ Travel is about freedom and it's about being able to do anything anytime of the day, any day of the week

  ■ Travel means something different to every person in the world

➤ **여행의 의미**

  ■ 여행이란 일상생활에서 벗어나 다시 돌아올 예정으로 다른 장소에 가는 일을 말하며 재충전의 기회와 견식을 넓혀줄 수 있음

123주식회사

3

(1) 도형과 표 작성 기능을 이용하여 슬라이드를 작성한다(글꼴 : 굴림, 18pt).

세부조건

① 상단 도형 :
  2개 도형의 조합으로 작성

② 좌측 도형 :
  그라데이션 효과(선형 아래쪽)

③ 테이블 디자인 :
  테마 스타일 1 – 강조 5

2. 우리나라 추천 여행지

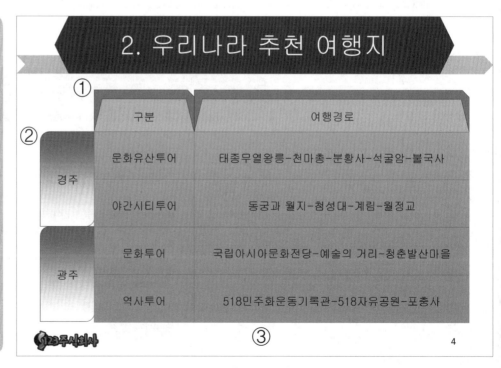

구분		여행경로
경주	문화유산투어	태종무열왕릉-천마총-분황사-석굴암-불국사
	야간시티투어	동궁과 월지-첨성대-계림-월정교
광주	문화투어	국립아시아문화전당-예술의 거리-청춘발산마을
	역사투어	518민주화운동기록관-518자유공원-포충사

123주식회사

4

(1) 차트 작성 기능을 이용하여 슬라이드를 작성한다.
(2) 차트 : 종류(묶은 세로 막대형), 글꼴(돋움, 16pt), 외곽선

세부조건

※ 차트설명
· 차트제목 : 궁서, 24pt, 굵게,
 채우기(흰색), 테두리,
 그림자(오프셋 오른쪽)
· 차트영역 : 채우기(노랑)
 그림영역 : 채우기(흰색)
· 데이터 서식 : 남성 계열을
 표식이 있는 꺾은선형으로
 변경 후 보조축으로 지정
· 값 표시 : 호주의 여성 계열만

① 도형 삽입
- 스타일 :
 미세효과 – 파랑, 강조1
- 글꼴 : 굴림, 18pt

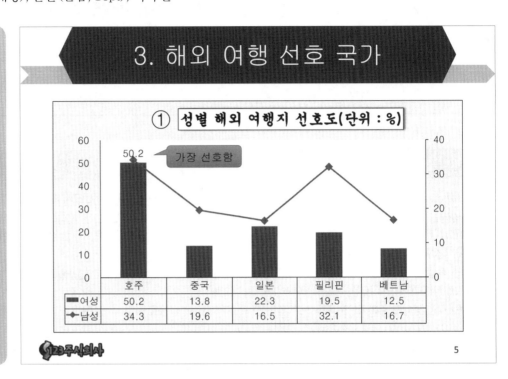

(1) 슬라이드와 같이 도형 및 스마트아트를 배치한다(글꼴 : 돋움, 18pt).
(2) 애니메이션 순서 : ① ⇒ ②

세부조건

① 도형 및 스마트아트 편집
- 스마트아트 디자인 : 3차원
 만화, 3차원 경사
- 그룹화 후 애니메이션 효과 :
 바운드

② 도형 편집
- 그룹화 후 애니메이션 효과 :
 닦아내기(오른쪽에서)

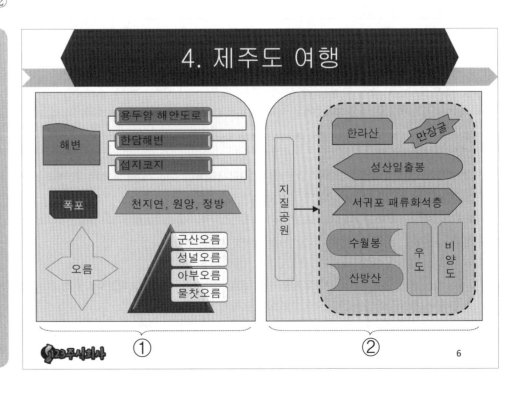

2회 기출유형 모의고사

과목	코드	문제유형	시험시간	수험번호	성 명
파워포인트	1142	A	60분	12343002	

수 험 자 유 의 사 항

◎ 수험자는 문제지를 받는 즉시 문제지와 **수험표상의 시험과목(프로그램)이 동일한지 반드시 확인**하여야 합니다.

◎ 파일명은 본인의 "수험번호-성명"으로 입력하여 답안폴더(내 PC\문서\ITQ)에 하나의 파일로 저장해야 하며, 답안문서 파일이 "수험번호-성명"과 일치하지 않거나, 답안파일을 전송하지 않아 미제출로 처리될 경우 실격 처리합니다 (예 : 12345678-홍길동.pptx).

◎ 답안 작성을 마치면 파일을 저장하고, '답안 전송' 버튼을 선택하여 감독위원 PC로 답안을 전송하십시오. 수험생 정보와 저장한 파일명이 다를 경우 전송되지 않으므로 주의하시기 바랍니다.

◎ 답안 작성 중에도 **주기적으로 저장하고 '답안 전송'**하여야 문제 발생을 줄일 수 있습니다. 작업한 내용을 저장하지 않고 전송할 경우 이전에 저장된 내용이 전송되오니 이점 유의하시기 바랍니다.

◎ 답안문서는 지정된 경로 외의 다른 보조기억장치에 저장하는 경우, 지정된 시험 시간 외에 작성된 파일을 활용할 경우, 기타 통신 수단(이메일, 메신저, 네트워크 등)을 이용하여 타인에게 전달 또는 외부 반출하는 경우는 부정 처리합니다.

◎ 시험 중 부주의 또는 고의로 시스템을 파손한 경우는 수험자가 변상해야 하며, <수험자 유의사항>에 기재된 방법대로 이행하지 않아 생기는 불이익은 수험생 당사자의 책임임을 알려 드립니다.

◎ 문제의 조건은 MS오피스 2021 버전으로 설정되어 있으며 MS오피스 2016은【 】에 표기되어 있습니다. 이와 관련하여 작성한 답안의 출력형태가 문제지와 다를 수 있습니다.

◎ 시험을 완료한 수험자는 답안파일이 전송되었는지 확인한 후 감독위원의 지시에 따라 문제지를 제출하고 퇴실합니다.

답 안 작 성 요 령

◎ 온라인 답안 작성 절차
  수험자 등록 ⇒ 시험 시작 ⇒ 답안파일 저장 ⇒ 답안 전송 ⇒ 시험 종료

◎ 슬라이드 크기는 A4 Paper로 설정하여 작성합니다.

◎ 슬라이드의 총 개수는 6개로 구성되어 있으며 슬라이드 1부터 순서대로 작업하고 반드시 문제와 세부조건대로 합니다.

◎ 별도의 지시사항이 없는 경우 출력형태를 참조하여 글꼴색은 검정 또는 흰색으로 작성하고, 기타사항은 전체적인 균형을 고려하여 작성합니다.

◎ 슬라이드 도형 및 개체에 출력형태와 다른 스타일(그림자, 외곽선 등)을 적용했을 경우 감점처리 됩니다.

◎ 슬라이드 번호를 작성합니다(슬라이드 1에는 생략).

◎ 2~6번 슬라이드 제목 도형과 하단 로고는 슬라이드 마스터를 이용하여 출력형태와 동일하게 작성합니다(슬라이드 1에는 생략).

◎ 문제와 세부조건, 세부조건 번호 ◌ (점선원)는 입력하지 않습니다.

◎ 각 객체의 위치는 오른쪽의 슬라이드와 동일하게 구성합니다.

◎ 그림 삽입 문제의 경우 반드시 「내 PC\문서\ITQ\Picture」 폴더에서 정확한 파일을 선택하여 삽입하십시오.

◎ 각 슬라이드를 각각의 파일로 작업해서 저장할 경우 실격 처리됩니다.

(1) 슬라이드 크기 및 순서 : 크기를 A4 용지로 설정하고 슬라이드 순서에 맞게 작성한다.
(2) 슬라이드 마스터 : 2~6슬라이드의 제목, 하단 로고, 슬라이드 번호는 슬라이드 마스터를 이용하여 작성한다.
 - 제목 글꼴(돋움, 40pt, 흰색), 가운데 맞춤, 도형(선 없음)
 - 하단 로고(「내 PC₩문서₩ITQ₩Picture₩로고2.jpg」, 배경(회색) 투명색으로 설정)

슬라이드 1　　표지 디자인　　40점

(1) 표지 디자인 : 도형, 워드아트 및 그림을 이용하여 작성한다.

세부조건

① 도형 편집
- 도형에 그림 채우기 :
「내 PC₩문서₩ITQ₩Picture₩
그림1.jpg」, 투명도 50%
- 도형 효과 :
부드러운 가장자리 5포인트

② 워드아트 삽입
- 변환 : 기울기, 위로
- 글꼴 : 돋움, 굵게
- 텍스트 반사 : 근접 반사, 터치

③ 그림 삽입
- 「내 PC₩문서₩ITQ₩Picture
₩로고2.jpg」
- 배경(회색) 투명색으로 설정

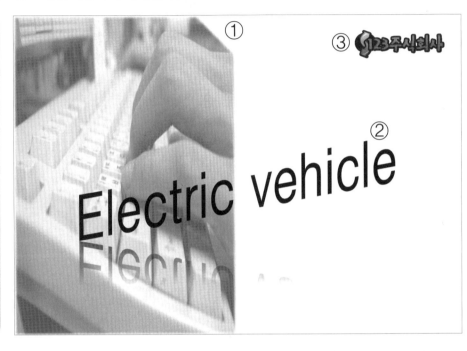

슬라이드 2　　목차 슬라이드　　60점

(1) 출력형태와 같이 도형을 이용하여 목차를 작성한다(글꼴 : 굴림, 24pt).
(2) 도형 : 선 없음

세부조건

① 텍스트에 하이퍼링크 적용
→ '슬라이드 6'

② 그림 삽입
- 「내 PC₩문서₩ITQ₩Picture
₩그림5.jpg」
- 자르기 기능 이용

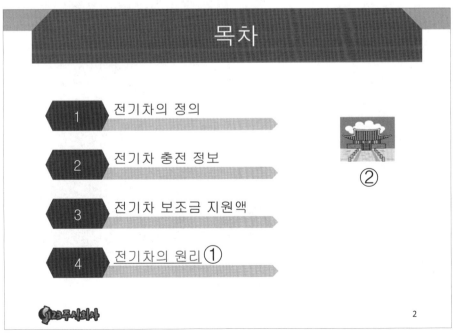

(1) 텍스트 작성 : 글머리 기호 사용(◆, ✓)
　　◆ 문단(굴림, 24pt, 굵게, 줄간격 : 1.5줄), ✓ 문단(굴림, 20pt, 줄간격 : 1.5줄)

세부조건

① 동영상 삽입 :
- 「내 PC₩문서₩ITQ₩Picture ₩동영상. wmv」
- 자동실행, 반복재생 설정

1. 전기차의 정의

◆ **Electric vehicle**

　✓ An electric vehicle can be powered by a collector system, with electricity from extravehicular sources, or it can be powered autonomously by a battery

◆ **전기차의 특징**

　✓ 전기 사용, 작은 소음, 차량 구조설계 용이

　✓ 뛰어난 제어 성능 및 유지보수성

　✓ 엔진 소음이 작고, 폭발의 위험성이 작음

①

3

(1) 도형과 표 작성 기능을 이용하여 슬라이드를 작성한다(글꼴 : 돋움, 18pt).

세부조건

① 상단 도형 :
　2개 도형의 조합으로 작성

② 좌측 도형 :
　그라데이션 효과(선형 아래쪽)

③ 테이블 디자인 :
　테마 스타일 1 - 강조 5

2. 전기차 충전 정보

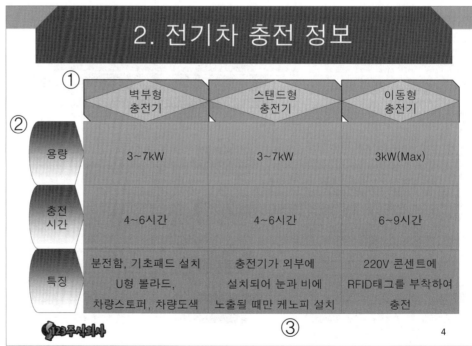

	벽부형 충전기	스탠드형 충전기	이동형 충전기
용량	3~7kW	3~7kW	3kW(Max)
충전 시간	4~6시간	4~6시간	6~9시간
특징	분전함, 기초패드 설치 U형 볼라드, 차량스토퍼, 차량도색	충전기가 외부에 설치되어 눈과 비에 노출될 때만 케노피 설치	220V 콘센트에 RFID태그를 부착하여 충전

③

4

(1) 차트 작성 기능을 이용하여 슬라이드를 작성한다.
(2) 차트 : 종류(묶은 세로 막대형), 글꼴(돋움, 16pt), 외곽선

세부조건

※ 차트설명
· 차트제목 : 궁서, 24pt, 굵게,
  채우기(흰색), 테두리,
  그림자(오프셋 왼쪽)
· 차트영역 : 채우기(노랑)
  그림영역 : 채우기(흰색)
· 데이터 서식 : 국비+지방비
  계열을 표식이 있는
  꺾은선형으로 변경 후
  보조축으로 지정
· 값 표시 : 2022년의 국비
  계열만

① 도형 삽입
– 스타일 :
  미세효과 – 파랑, 강조1
– 글꼴 : 굴림, 18pt

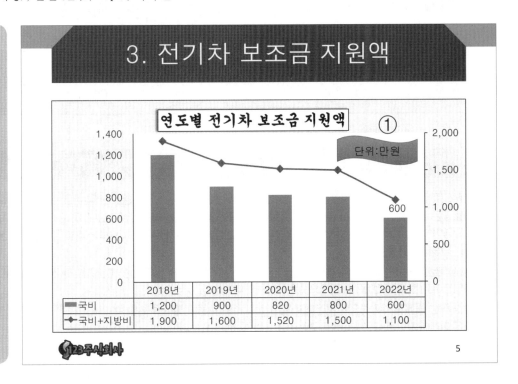

(1) 슬라이드와 같이 도형 및 스마트아트를 배치한다(글꼴 : 굴림, 18pt).
(2) 애니메이션 순서 : ① ⇒ ②

세부조건

① 도형 및 스마트아트 편집
– 스마트아트 디자인: 3차원 만화,
  3차원 벽돌
– 그룹화 후 애니메이션 효과 :
  닦아내기(위에서)

② 도형 편집
– 그룹화 후 애니메이션 효과 :
  바운드

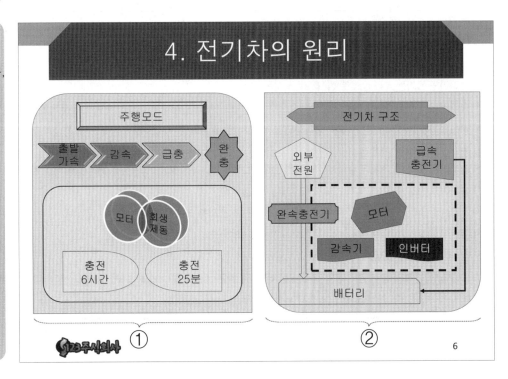

3회 기출유형 모의고사

과목	코드	문제유형	시험시간	수험번호	성 명
파워포인트	1142	A	60분	12343003	

수 험 자 유 의 사 항

- 수험자는 문제지를 받는 즉시 문제지와 **수험표상의 시험과목(프로그램)이 동일한지 반드시 확인**하여야 합니다.

- 파일명은 본인의 "수험번호-성명"으로 입력하여 답안폴더(내 PC₩문서₩ITQ)에 하나의 파일로 저장해야 하며, 답안문서 파일명이 "수험번호-성명"과 일치하지 않거나, 답안파일을 전송하지 않아 미제출로 처리될 경우 실격 처리합니다 (예 : 12345678-홍길동.pptx).

- 답안 작성을 마치면 파일을 저장하고, '답안 전송' 버튼을 선택하여 감독위원 PC로 답안을 전송하십시오. 수험생 정보와 저장한 파일명이 다를 경우 전송되지 않으므로 주의하시기 바랍니다.

- 답안 작성 중에도 **주기적으로 저장하고 '답안 전송'**하여야 문제 발생을 줄일 수 있습니다. 작업한 내용을 저장하지 않고 전송할 경우 이전에 저장된 내용이 전송되오니 이점 유의하시기 바랍니다.

- 답안문서는 지정된 경로 외의 다른 보조기억장치에 저장하는 경우, 지정된 시험 시간 외에 작성된 파일을 활용할 경우, 기타 통신 수단(이메일, 메신저, 네트워크 등)을 이용하여 타인에게 전달 또는 외부 반출하는 경우는 부정 처리합니다.

- 시험 중 부주의 또는 고의로 시스템을 파손한 경우는 수험자가 변상해야 하며, 〈수험자 유의사항〉에 기재된 방법대로 이행하지 않아 생기는 불이익은 수험생 당사자의 책임임을 알려 드립니다.

- 문제의 조건은 MS오피스 2021 버전으로 설정되어 있으며 MS오피스 2016은【 】에 표기되어 있습니다. 이와 관련하여 작성한 답안의 출력형태가 문제지와 다를 수 있습니다.

- 시험을 완료한 수험자는 답안파일이 전송되었는지 확인한 후 감독위원의 지시에 따라 문제지를 제출하고 퇴실합니다.

답 안 작 성 요 령

- 온라인 답안 작성 절차

  수험자 등록 ⇒ 시험 시작 ⇒ 답안파일 저장 ⇒ 답안 전송 ⇒ 시험 종료

- 슬라이드 크기는 A4 Paper로 설정하여 작성합니다.

- 슬라이드의 총 개수는 6개로 구성되어 있으며 슬라이드 1부터 순서대로 작업하고 반드시 문제와 세부조건대로 합니다.

- 별도의 지시사항이 없는 경우 출력형태를 참조하여 글꼴색은 검정 또는 흰색으로 작성하고, 기타사항은 전체적인 균형을 고려하여 작성합니다.

- 슬라이드 도형 및 개체에 출력형태와 다른 스타일(그림자, 외곽선 등)을 적용했을 경우 감점처리 됩니다.

- 슬라이드 번호를 작성합니다(슬라이드 1에는 생략).

- 2~6번 슬라이드 제목 도형과 하단 로고는 슬라이드 마스터를 이용하여 출력형태와 동일하게 작성합니다(슬라이드 1에는 생략).

- 문제와 세부조건, 세부조건 번호 ○ (점선원)는 입력하지 않습니다.

- 각 객체의 위치는 오른쪽의 슬라이드와 동일하게 구성합니다.

- 그림 삽입 문제의 경우 반드시 「내 PC₩문서₩ITQ₩Picture」 폴더에서 정확한 파일을 선택하여 삽입하십시오.

- 각 슬라이드를 각각의 파일로 작업해서 저장할 경우 실격 처리됩니다.

(1) 슬라이드 크기 및 순서 : 크기를 A4 용지로 설정하고 슬라이드 순서에 맞게 작성한다.
(2) 슬라이드 마스터 : 2~6슬라이드의 제목, 하단 로고, 슬라이드 번호는 슬라이드 마스터를 이용하여 작성한다.
    – 제목 글꼴(맑은고딕, 40pt, 흰색), 왼쪽 맞춤, 도형(선 없음)
    – 하단 로고(「내 PC₩문서₩ITQ₩Picture₩로고2.jpg」, 배경(회색) 투명색으로 설정)

슬라이드 1   표지 디자인   40점

(1) 표지 디자인 : 도형, 워드아트 및 그림을 이용하여 작성한다.

세부조건

① 도형 편집
– 도형에 그림 채우기 :
「내 PC₩문서₩ITQ₩Picture
₩그림2.jpg」, 투명도 50%
– 도형 효과 :
부드러운 가장자리 5pt

② 워드아트 삽입
– 변환 : 계단식, 위로
– 글꼴 : 궁서, 굵게
– 반사 : 전체 반사, 4pt 오프셋

③ 그림 삽입
–「내 PC₩문서₩ITQ₩Picture₩
로고2.jpg」
– 배경(회색) 투명색으로 설정

슬라이드 2   목차 슬라이드   60점

(1) 출력형태와 같이 도형을 이용하여 목차를 작성한다(글꼴 : 돋움, 24pt).
(2) 도형 : 선 없음

세부조건

① 텍스트에 하이퍼링크 적용
→ '슬라이드 3'

② 그림 삽입
–「내 PC₩문서₩ITQ₩Picture
₩그림4.jpg」
– 자르기 기능 이용

목차

1   교육부 소개 ①

2   고등학교 납입금 현황

3   유치원 원아 현황   ②

4   교육부 정보 공개

(1) 텍스트 작성 : 글머리 기호 사용(◆, ✓)
　　◆ 문단(맑은고딕, 24pt, 굵게, 줄간격 : 1.5줄), ✓ 문단(맑은고딕, 20pt, 줄간격 : 1.5줄)

세부조건

① 동영상 삽입 :
– 「내 PC￦문서￦ITQ￦Picture ￦동영상. wmv」
– 자동실행, 반복재생 설정

---

1. 교육부 소개

◆ **About MOE**

　✓ Education is the foundation of a nation and a key to the future

　✓ Korea systematically supports increased autonomy of all schools

◆ **비전 제시**

　✓ 창의인재 양성을 통해 국민이 행복한 희망의 새시대를 연다.

　✓ 학생들이 꿈과 끼를 키울 수 있도록 학교교육을 정상화한다.

　✓ 미래인재 양성을 위한 능력중심사회 기반을 구축한다.

　✓ 특성화를 통해 글로벌 경쟁력을 갖춘 다양한 대학으로 육성한다.

123주식회사　　3

---

(1) 도형과 표 작성 기능을 이용하여 슬라이드를 작성한다(글꼴 : 돋움, 18pt).

세부조건

① 상단 도형 :
　2개 도형의 조합으로 작성

② 좌측 도형 :
　그라데이션 효과(선형 아래쪽)

③ 테이블 디자인 :
　테마 스타일 1 – 강조 6

---

2. 고등학교 납입금 현황

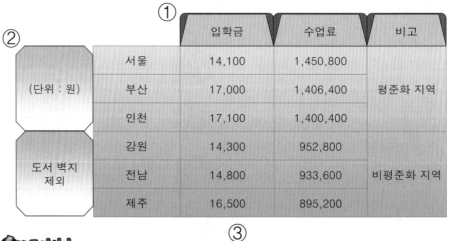

		입학금	수업료	비고
(단위 : 원)	서울	14,100	1,450,800	
	부산	17,000	1,406,400	평준화 지역
	인천	17,100	1,400,400	
도서 벽지 제외	강원	14,300	952,800	
	전남	14,800	933,600	비평준화 지역
	제주	16,500	895,200	

123주식회사　　4

(1) 차트 작성 기능을 이용하여 슬라이드를 작성한다.
(2) 차트 : 종류(묶은 세로 막대형), 글꼴(굴림, 16pt), 외곽선

세부조건

※ 차트설명
· 차트제목 : 궁서, 18pt, 굵게,
  채우기(흰색), 테두리,
  그림자(오프셋 아래쪽)
· 차트영역 : 채우기(노랑)
  그림영역 : 채우기(흰색)
· 데이터 서식 : 부산 계열을
  표식이 있는 꺾은선형으로
  변경 후 보조축으로 지정
· 값 표시 : 합계의 서울 계열만

① 도형 삽입
– 스타일 :
  미세효과 – 파랑, 강조1
– 글꼴 : 돋움, 18pt

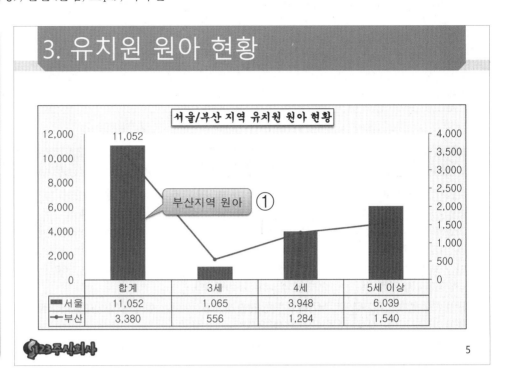

(1) 슬라이드와 같이 도형 및 스마트아트를 배치한다(글꼴 : 굴림, 18pt).
(2) 애니메이션 순서 : ① ⇒ ②

세부조건

① 도형 및 스마트아트 편집
– 스마트아트 디자인 :
  3차원 만화, 3차원 광택 처리
– 그룹화 후 애니메이션 효과 :
  날아오기(왼쪽에서)

② 도형 편집
그룹화 후 애니메이션 효과 :
바운드

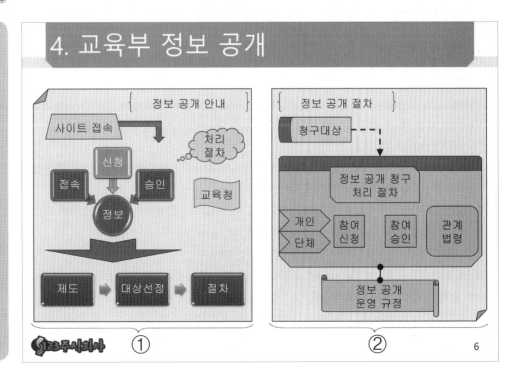

과목	코드	문제유형	시험시간	수험번호	성 명
파워포인트	1142	A	60분	12343004	

수 험 자 유 의 사 항

- 수험자는 문제지를 받는 즉시 문제지와 **수험표상의 시험과목(프로그램)이 동일한지 반드시 확인**하여야 합니다.

- 파일명은 본인의 "수험번호-성명"으로 입력하여 답안폴더(내 PC₩문서₩ITQ)에 하나의 파일로 저장해야 하며, 답안문서 파일명이 "수험번호-성명"과 일치하지 않거나, 답안파일을 전송하지 않아 미제출로 처리될 경우 실격 처리합니다 (예 : 12345678-홍길동.pptx).

- 답안 작성을 마치면 파일을 저장하고, '답안 전송' 버튼을 선택하여 감독위원 PC로 답안을 전송하십시오. 수험생 정보와 저장한 파일명이 다를 경우 전송되지 않으므로 주의하시기 바랍니다.

- 답안 작성 중에도 **주기적으로 저장하고 '답안 전송'**하여야 문제 발생을 줄일 수 있습니다. 작업한 내용을 저장하지 않고 전송할 경우 이전에 저장된 내용이 전송되오니 이점 유의하시기 바랍니다.

- 답안문서는 지정된 경로 외의 다른 보조기억장치에 저장하는 경우, 지정된 시험 시간 외에 작성된 파일을 활용할 경우, 기타 통신 수단(이메일, 메신저, 네트워크 등)을 이용하여 타인에게 전달 또는 외부 반출하는 경우는 부정 처리합니다.

- 시험 중 부주의 또는 고의로 시스템을 파손한 경우는 수험자가 변상해야 하며, <수험자 유의사항>에 기재된 방법대로 이행하지 않아 생기는 불이익은 수험생 당사자의 책임임을 알려 드립니다.

- 문제의 조건은 MS오피스 2021 버전으로 설정되어 있으며 MS오피스 2016은【 】에 표기되어 있습니다. 이와 관련하여 작성한 답안의 출력형태가 문제지와 다를 수 있습니다.

- 시험을 완료한 수험자는 답안파일이 전송되었는지 확인한 후 감독위원의 지시에 따라 문제지를 제출하고 퇴실합니다.

답 안 작 성 요 령

- 온라인 답안 작성 절차
  수험자 등록 ⇒ 시험 시작 ⇒ 답안파일 저장 ⇒ 답안 전송 ⇒ 시험 종료

- 슬라이드 크기는 A4 Paper로 설정하여 작성합니다.

- 슬라이드의 총 개수는 6개로 구성되어 있으며 슬라이드 1부터 순서대로 작업하고 반드시 문제와 세부조건대로 합니다.

- 별도의 지시사항이 없는 경우 출력형태를 참조하여 글꼴색은 검정 또는 흰색으로 작성하고, 기타사항은 전체적인 균형을 고려하여 작성합니다.

- 슬라이드 도형 및 개체에 출력형태와 다른 스타일(그림자, 외곽선 등)을 적용했을 경우 감점처리 됩니다.

- 슬라이드 번호를 작성합니다(슬라이드 1에는 생략).

- 2~6번 슬라이드 제목 도형과 하단 로고는 슬라이드 마스터를 이용하여 출력형태와 동일하게 작성합니다(슬라이드 1에는 생략).

- 문제와 세부조건, 세부조건 번호 ◌ (점선원)는 입력하지 않습니다.

- 각 객체의 위치는 오른쪽의 슬라이드와 동일하게 구성합니다.

- 그림 삽입 문제의 경우 반드시 「내 PC₩문서₩ITQ₩Picture」 폴더에서 정확한 파일을 선택하여 삽입하십시오.

- 각 슬라이드를 각각의 파일로 작업해서 저장할 경우 실격 처리됩니다.

The Insight KPC
kpc 한국생산성본부

(1) 슬라이드 크기 및 순서 : 크기를 A4 용지로 설정하고 슬라이드 순서에 맞게 작성한다.
(2) 슬라이드 마스터 : 2~6슬라이드의 제목, 하단 로고, 슬라이드 번호는 슬라이드 마스터를 이용하여 작성한다.
    – 제목 글꼴(굴림, 40pt, 흰색), 가운데 맞춤, 도형(선 없음)
    – 하단 로고(「내 PC₩문서₩ITQ₩Picture₩로고1.jpg」, 배경(회색) 투명색으로 설정)

슬라이드 1   **표지 디자인**   40점

(1) 표지 디자인 : 도형, 워드아트 및 그림을 이용하여 작성한다.

세부조건

① 도형 편집
– 도형에 그림 채우기 :
「내 PC₩문서₩ITQ₩Picture
₩그림3.jpg」, 투명도 50%
– 도형 효과 :
부드러운 가장자리 5pt

② 워드아트 삽입
– 변환 : 페이드, 오른쪽
– 글꼴 : 돋움, 굵게
– 텍스트 반사 : 1/2반사, 터치

③ 그림 삽입
–「내 PC₩문서₩ITQ₩Picture
₩로고1.jpg」
– 배경(회색) 투명색으로 설정

슬라이드 2   **목차 슬라이드**   60점

(1) 출력형태와 같이 도형을 이용하여 목차를 작성한다(글꼴 : 굴림, 24pt).
(2) 도형 : 선 없음

세부조건

① 텍스트에 하이퍼링크 적용
→ '슬라이드 4'

② 그림 삽입
–「내 PC₩문서₩ITQ₩Picture
₩그림5.jpg」
– 자르기 기능 이용

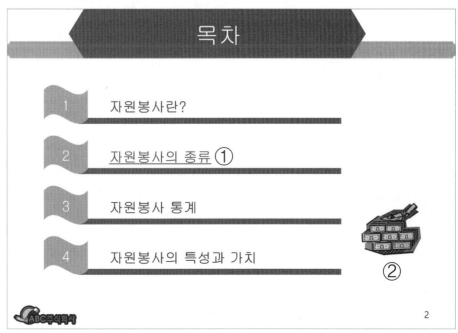

(1) 텍스트 작성 : 글머리 기호 사용(➤, ✔)
　➤문단(굴림, 24pt, 굵게, 줄간격 : 1.5줄), ✔ 문단(굴림, 20pt, 줄간격 : 1.5줄)

세부조건

① 동영상 삽입 :
- 「내 PC₩문서₩ITQ₩Picture ₩동영상. wmv」
- 자동실행, 반복재생 설정

1. 자원봉사란?

➤ **Volunteer Etymology**

✔ Bolan of the Latin word volunteer dozen (voluntas) comes from human free will, deep down, and this is the bottom means a doctor

①

➤ **자원봉사의 가치**

✔ 자발, 자주, 자유의지라는 뜻의 라틴어에서 유래

✔ 개인 및 단체의 자발적 참여와 대가없이 도움이 필요한 이웃과 사회에 시간과 재능을 제공하여 사회문제 해결 및 사회공익에 기여하는 것으로 이러한 자원봉사활동을 실천에 옮기는 사람을 자원봉사자라 함

3

(1) 도형과 표 작성 기능을 이용하여 슬라이드를 작성한다(글꼴 : 돋움, 18pt).

세부조건

① 상단 도형 :
2개 도형의 조합으로 작성

② 좌측 도형 :
그라데이션 효과(선형 아래쪽)

③ 테이블 디자인 :
테마 스타일 1 - 강조 3

2. 자원봉사의 종류

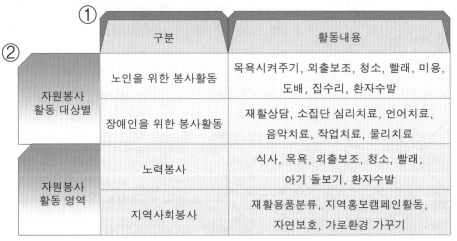

	구분	활동내용
자원봉사 활동 대상별	노인을 위한 봉사활동	목욕시켜주기, 외출보조, 청소, 빨래, 미용, 도배, 집수리, 환자수발
	장애인을 위한 봉사활동	재활상담, 소집단 심리치료, 언어치료, 음악치료, 작업치료, 물리치료
자원봉사 활동 영역	노력봉사	식사, 목욕, 외출보조, 청소, 빨래, 아기 돌보기, 환자수발
	지역사회봉사	재활용품분류, 지역홍보캠페인활동, 자연보호, 가로환경 가꾸기

①

②

③

4

(1) 차트 작성 기능을 이용하여 슬라이드를 작성한다.
(2) 차트 : 종류(묶은 세로 막대형), 글꼴(돋움, 16pt), 외곽선

세부조건

※ 차트설명
· 차트제목 : 돋움, 24pt, 굵게,
  채우기(흰색), 테두리,
  그림자(오프셋 위쪽)
· 차트영역 : 채우기(노랑)
  그림영역 : 채우기(흰색)
· 데이터 서식 : 여 계열을
  표식이 있는 꺾은선형으로
  변경 후 보조축으로 지정
· 값 표시 : 광주의 여 계열만

① 도형 삽입
– 스타일 :
  미세효과 – 파랑, 강조1
– 글꼴 : 굴림, 18pt

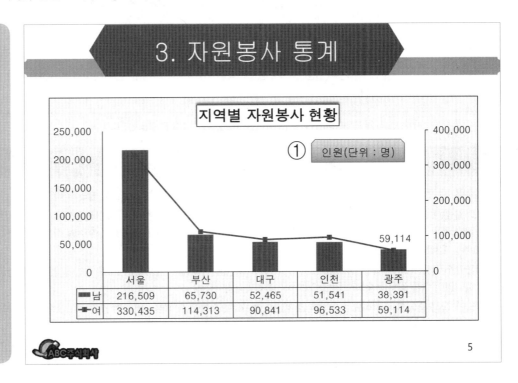

(1) 슬라이드와 같이 도형 및 스마트아트를 배치한다(글꼴 : 굴림, 18pt).
(2) 애니메이션 순서 : ① ⇒ ②

세부조건

① 도형 및 스마트아트 편집
– 스마트아트 디자인 :
  3차원 광택처리, 3차원 벽돌
– 그룹화 후 애니메이션 효과 :
  바운드

② 도형 편집
그룹화 후 애니메이션 효과 :
닦아내기(왼쪽에서)

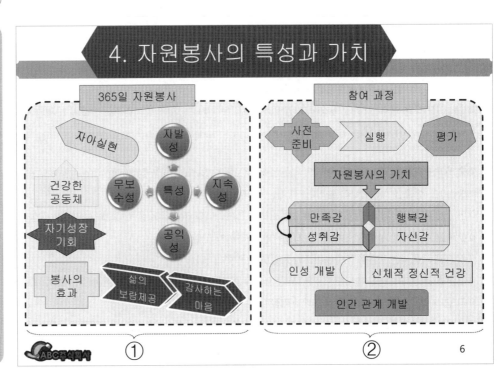

5회 기출유형 모의고사

과목	코드	문제유형	시험시간	수험번호	성 명
파워포인트	1142	A	60분	12343005	

수 험 자 유 의 사 항

◎ 수험자는 문제지를 받는 즉시 문제지와 **수험표상의 시험과목(프로그램)이 동일한지 반드시 확인**하여야 합니다.

◎ 파일명은 본인의 "수험번호-성명"으로 입력하여 답안폴더(내 PC₩문서₩ITQ)에 하나의 파일로 저장해야 하며, 답안문서 파일명이 "수험번호-성명"과 일치하지 않거나, 답안파일을 전송하지 않아 미제출로 처리될 경우 실격 처리합니다 (예 : 12345678-홍길동.pptx).

◎ 답안 작성을 마치면 파일을 저장하고, '답안 전송' 버튼을 선택하여 감독위원 PC로 답안을 전송하십시오. 수험생 정보와 저장한 파일명이 다를 경우 전송되지 않으므로 주의하시기 바랍니다.

◎ 답안 작성 중에도 **주기적으로 저장하고 '답안 전송'**하여야 문제 발생을 줄일 수 있습니다. 작업한 내용을 저장하지 않고 전송할 경우 이전에 저장된 내용이 전송되오니 이점 유의하시기 바랍니다.

◎ 답안문서는 지정된 경로 외의 다른 보조기억장치에 저장하는 경우, 지정된 시험 시간 외에 작성된 파일을 활용할 경우, 기타 통신 수단(이메일, 메신저, 네트워크 등)을 이용하여 타인에게 전달 또는 외부 반출하는 경우는 부정 처리합니다.

◎ 시험 중 부주의 또는 고의로 시스템을 파손한 경우는 수험자가 변상해야 하며, <수험자 유의사항>에 기재된 방법대로 이행하지 않아 생기는 불이익은 수험생 당사자의 책임임을 알려 드립니다.

◎ 문제의 조건은 MS오피스 2021 버전으로 설정되어 있으며 MS오피스 2016은【 】에 표기되어 있습니다. 이와 관련하여 작성한 답안의 출력형태가 문제지와 다를 수 있습니다.

◎ 시험을 완료한 수험자는 답안파일이 전송되었는지 확인한 후 감독위원의 지시에 따라 문제지를 제출하고 퇴실합니다.

답 안 작 성 요 령

◎ 온라인 답안 작성 절차
   수험자 등록 ⇒ 시험 시작 ⇒ 답안파일 저장 ⇒ 답안 전송 ⇒ 시험 종료

◎ 슬라이드 크기는 A4 Paper로 설정하여 작성합니다.

◎ 슬라이드의 총 개수는 6개로 구성되어 있으며 슬라이드 1부터 순서대로 작업하고 반드시 문제와 세부조건대로 합니다.

◎ 별도의 지시사항이 없는 경우 출력형태를 참조하여 글꼴색은 검정 또는 흰색으로 작성하고, 기타사항은 전체적인 균형을 고려하여 작성합니다.

◎ 슬라이드 도형 및 개체에 출력형태와 다른 스타일(그림자, 외곽선 등)을 적용했을 경우 감점처리 됩니다.

◎ 슬라이드 번호를 작성합니다(슬라이드 1에는 생략).

◎ 2~6번 슬라이드 제목 도형과 하단 로고는 슬라이드 마스터를 이용하여 출력형태와 동일하게 작성합니다(슬라이드 1에는 생략).

◎ 문제와 세부조건, 세부조건 번호 ○ (점선원)는 입력하지 않습니다.

◎ 각 객체의 위치는 오른쪽의 슬라이드와 동일하게 구성합니다.

◎ 그림 삽입 문제의 경우 반드시 「내 PC₩문서₩ITQ₩Picture」 폴더에서 정확한 파일을 선택하여 삽입하십시오.

◎ 각 슬라이드를 각각의 파일로 작업해서 저장할 경우 실격 처리됩니다.

(1) 슬라이드 크기 및 순서 : 크기를 A4 용지로 설정하고 슬라이드 순서에 맞게 작성한다.
(2) 슬라이드 마스터 : 2~6슬라이드의 제목, 하단 로고, 슬라이드 번호는 슬라이드 마스터를 이용하여 작성한다.
    – 제목 글꼴(돋움, 40pt, 흰색), 가운데 맞춤, 도형(선 없음)
    – 하단 로고(「내 PC₩문서₩ITQ₩Picture₩로고2.jpg」, 배경(회색) 투명색으로 설정)

슬라이드 1   표지 디자인   40점

(1) 표지 디자인 : 도형, 워드아트 및 그림을 이용하여 작성한다.

세부조건

① 도형 편집
– 도형에 그림 채우기 :
「내 PC₩문서₩ITQ₩Picture₩그림3.jpg」, 투명도 50%
– 도형 효과 :
부드러운 가장자리 5포인트

② 워드아트 삽입
– 변환 : 곡선, 위로
– 글꼴 : 돋움, 굵게
– 텍스트 반사 : 근접 반사, 4pt 오프셋

③ 그림 삽입
– 「내 PC₩문서₩ITQ₩Picture₩로고2.jpg」
– 배경(회색) 투명색으로 설정

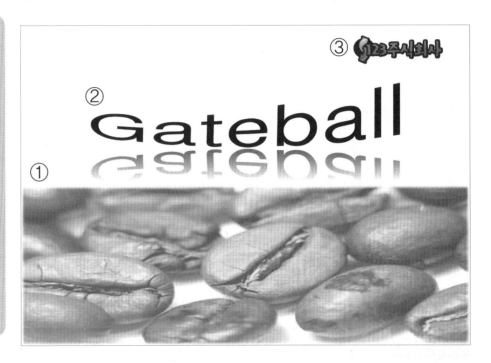

슬라이드 2   목차 슬라이드   60점

(1) 출력형태와 같이 도형을 이용하여 목차를 작성한다(글꼴 : 굴림, 24pt).
(2) 도형 : 선 없음

세부조건

① 텍스트에 하이퍼링크 적용
→ '슬라이드 6'

② 그림 삽입
– 「내 PC₩문서₩ITQ₩Picture₩그림4.jpg」
– 자르기 기능 이용

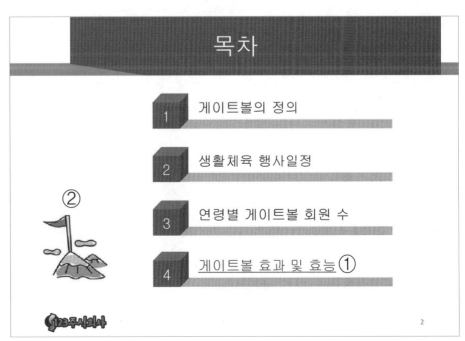

(1) 텍스트 작성 : 글머리 기호 사용(❖, ■)
　　❖문단(굴림, 24pt, 굵게, 줄간격 : 1.5줄), ■문단(굴림, 20pt, 줄간격 : 1.5줄)

세부조건
① 동영상 삽입 :
- 「내 PC\문서\ITQ\Picture\동영상.wmv」
- 자동실행, 반복재생 설정

1. 게이트볼의 정의

❖ **The Game**
- It is a game played between two teams, each with 5 players
- The winner is decided by the total number of points achieved during the 30-minute game

❖ **게이트볼의 정의**
- 게이트볼은 T 자 모양의 막대기로 공을 쳐서 경기장 안의 게이트(문) 3군데를 통과시킨 다음 경기장 중앙에 세운 20cm 골폴에 맞히는 구기

3

---

(1) 도형과 표 작성 기능을 이용하여 슬라이드를 작성한다(글꼴 : 돋움, 18pt).

세부조건
① 상단 도형 :
　2개 도형의 조합으로 작성

② 좌측 도형 :
　그라데이션 효과(선형 아래쪽)

③ 테이블 디자인 :
　테마 스타일 1 - 강조 6

2. 생활체육 행사일정

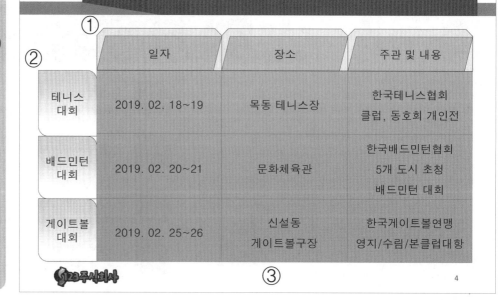

	일자	장소	주관 및 내용
테니스 대회	2019. 02. 18~19	목동 테니스장	한국테니스협회 클럽, 동호회 개인전
배드민턴 대회	2019. 02. 20~21	문화체육관	한국배드민턴협회 5개 도시 초청 배드민턴 대회
게이트볼 대회	2019. 02. 25~26	신설동 게이트볼구장	한국게이트볼연맹 영지/수림/본클럽대항

4

(1) 차트 작성 기능을 이용하여 슬라이드를 작성한다.
(2) 차트 : 종류(묶은 세로 막대형), 글꼴(돋움, 16pt), 외곽선

세부조건

※ 차트설명
· 차트제목 : 궁서, 24pt, 굵게,
  채우기(흰색), 테두리,
  그림자(오프셋 오른쪽)
· 차트영역 : 채우기(노랑)
  그림영역 : 채우기(흰색)
· 데이터 서식 : 2024년 계열을
  표식이 있는 꺾은선형으로
  변경 후 보조축으로 지정
· 값 표시 : 60대의 2024년
  계열만

① 도형 삽입
– 스타일 :
  미세효과 – 파랑, 강조1
– 글꼴 : 굴림, 18pt

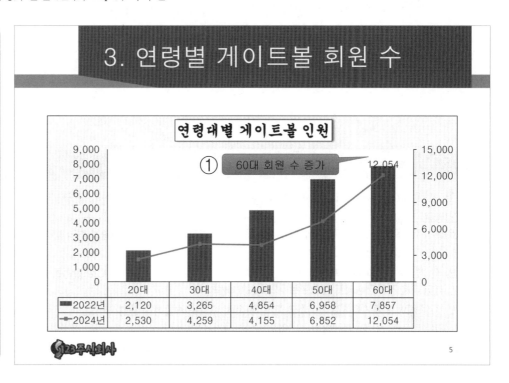

(1) 슬라이드와 같이 도형 및 스마트아트를 배치한다(글꼴 : 굴림, 18pt).
(2) 애니메이션 순서 : ① ⇒ ②

세부조건

① 도형 및 스마트아트 편집
– 스마트아트 디자인 : 3차원
  광택 처리, 3차원 만화
– 그룹화 후 애니메이션 효과 :
  시계 방향 회전(살 1개)

② 도형 편집
– 그룹화 후 애니메이션 효과 :
  회전

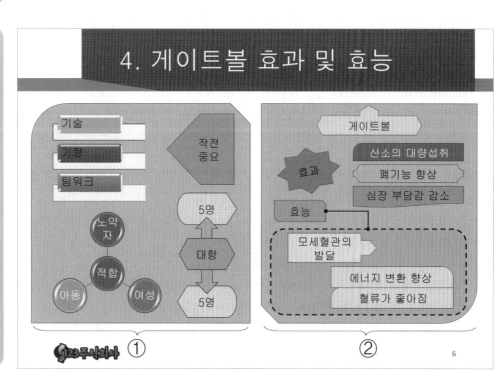

6회 기출유형 모의고사

과목	코드	문제유형	시험시간	수험번호	성 명
파워포인트	1142	A	60분	12343006	

수 험 자 유 의 사 항

- 수험자는 문제지를 받는 즉시 문제지와 **수험표상의 시험과목(프로그램)이 동일한지 반드시 확인**하여야 합니다.

- 파일명은 본인의 "수험번호-성명"으로 입력하여 답안폴더(내 PC\문서\ITQ)에 하나의 파일로 저장해야 하며, 답안문서 파일명이 "수험번호-성명"과 일치하지 않거나, 답안파일을 전송하지 않아 미제출로 처리될 경우 실격 처리합니다 (예 : 12345678-홍길동.pptx).

- 답안 작성을 마치면 파일을 저장하고, '답안 전송' 버튼을 선택하여 감독위원 PC로 답안을 전송하십시오. 수험생 정보와 저장한 파일명이 다를 경우 전송되지 않으므로 주의하시기 바랍니다.

- 답안 작성 중에도 **주기적으로 저장하고 '답안 전송'**하여야 문제 발생을 줄일 수 있습니다. 작업한 내용을 저장하지 않고 전송할 경우 이전에 저장된 내용이 전송되오니 이점 유의하시기 바랍니다.

- 답안문서는 지정된 경로 외의 다른 보조기억장치에 저장하는 경우, 지정된 시험 시간 외에 작성된 파일을 활용할 경우, 기타 통신 수단(이메일, 메신저, 네트워크 등)을 이용하여 타인에게 전달 또는 외부 반출하는 경우는 부정 처리합니다.

- 시험 중 부주의 또는 고의로 시스템을 파손한 경우는 수험자가 변상해야 하며, 〈수험자 유의사항〉에 기재된 방법대로 이행하지 않아 생기는 불이익은 수험생 당사자의 책임임을 알려 드립니다.

- 문제의 조건은 MS오피스 2021 버전으로 설정되어 있으며 MS오피스 2016은【 】에 표기되어 있습니다. 이와 관련하여 작성한 답안의 출력형태가 문제지와 다를 수 있습니다.

- 시험을 완료한 수험자는 답안파일이 전송되었는지 확인한 후 감독위원의 지시에 따라 문제지를 제출하고 퇴실합니다.

답 안 작 성 요 령

- 온라인 답안 작성 절차
  수험자 등록 ⇒ 시험 시작 ⇒ 답안파일 저장 ⇒ 답안 전송 ⇒ 시험 종료

- 슬라이드 크기는 A4 Paper로 설정하여 작성합니다.

- 슬라이드의 총 개수는 6개로 구성되어 있으며 슬라이드 1부터 순서대로 작업하고 반드시 문제와 세부조건대로 합니다.

- 별도의 지시사항이 없는 경우 출력형태를 참조하여 글꼴색은 검정 또는 흰색으로 작성하고, 기타사항은 전체적인 균형을 고려하여 작성합니다.

- 슬라이드 도형 및 개체에 출력형태와 다른 스타일(그림자, 외곽선 등)을 적용했을 경우 감점처리 됩니다.

- 슬라이드 번호를 작성합니다(슬라이드 1에는 생략).

- 2~6번 슬라이드 제목 도형과 하단 로고는 슬라이드 마스터를 이용하여 출력형태와 동일하게 작성합니다(슬라이드 1에는 생략).

- 문제와 세부조건, 세부조건 번호 ○ (점선원)는 입력하지 않습니다.

- 각 객체의 위치는 오른쪽의 슬라이드와 동일하게 구성합니다.

- 그림 삽입 문제의 경우 반드시 「내 PC\문서\ITQ\Picture」 폴더에서 정확한 파일을 선택하여 삽입하십시오.

- 각 슬라이드를 각각의 파일로 작업해서 저장할 경우 실격 처리됩니다.

(1) 슬라이드 크기 및 순서 : 크기를 A4 용지로 설정하고 슬라이드 순서에 맞게 작성한다.
(2) 슬라이드 마스터 : 2~6슬라이드의 제목, 하단 로고, 슬라이드 번호는 슬라이드 마스터를 이용하여 작성한다.
- 제목 글꼴(돋움, 40pt, 흰색), 가운데 맞춤, 도형(선 없음)
- 하단 로고(「내 PC₩문서₩ITQ₩Picture₩로고1.jpg」, 배경(회색) 투명색으로 설정)

슬라이드 1 　표지 디자인 　40점

(1) 표지 디자인 : 도형, 워드아트 및 그림을 이용하여 작성한다.

세부조건

① 도형 편집
- 도형에 그림 채우기 :
「내 PC₩문서₩ITQ₩Picture
₩그림2.jpg」, 투명도 50%
- 도형 효과 :
부드러운 가장자리 5포인트

② 워드아트 삽입
- 변환 : 수축, 위쪽
- 글꼴 : 궁서, 굵게
- 텍스트 반사 : 근접 반사, 터치

③ 그림 삽입
- 「내 PC₩문서₩ITQ₩Picture
₩로고1.jpg」
- 배경(회색) 투명색으로 설정

슬라이드 2 　목차 슬라이드 　60점

(1) 출력형태와 같이 도형을 이용하여 목차를 작성한다(글꼴 : 굴림, 24pt).
(2) 도형 : 선 없음

세부조건

① 텍스트에 하이퍼링크 적용
→ '슬라이드 4'

② 그림 삽입
- 「내 PC₩문서₩ITQ₩Picture
₩그림4.jpg」
- 자르기 기능 이용

(1) 텍스트 작성 : 글머리 기호 사용(❖, ✓)
    ❖문단(굴림, 24pt, 굵게, 줄간격 : 1.5줄), ✓문단(굴림, 20pt, 줄간격 : 1.5줄)

세부조건

① 동영상 삽입 :
- 「내 PC₩문서₩ITQ₩Picture
  ₩동영상.wmv」
- 자동실행, 반복재생 설정

---

1. 소셜커머스의 개념

❖ **Social Commerce**

 ✓ Social media is becoming more a part of an overall integrated, multi-channel marketing strategy

 ✓ The use of social by marketers reflects this more deeply engrained behavior

❖ **소셜커머스**

 ✓ 페이스북, 인스타그램 등 소셜미디어를 활용하는 전자상거래로 소비자의 인맥과 입소문을 활용하여 다양한 상품을 판매

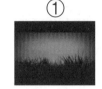

3

---

(1) 도형과 표 작성 기능을 이용하여 슬라이드를 작성한다(글꼴 : 돋움, 18pt).

세부조건

① 상단 도형 :
   2개 도형의 조합으로 작성

② 좌측 도형 :
   그라데이션 효과(선형 아래쪽)

③ 테이블 디자인 :
   테마 스타일 1 - 강조 5

---

2. 소셜커머스의 유형

	유형	설명
PC	플래쉬 세일	쇼핑몰에서 정해진 시간 동안 할인행사 실시
스마트폰	구매 정보 공유	상품구매 정보를 공유하여 사업자에게는 마케팅 정보 제공, 소비자에게는 포인트 제공
	소셜쇼핑 앱스	어플리케이션을 활용하여 소셜쇼핑에 참여하게 하는 방식

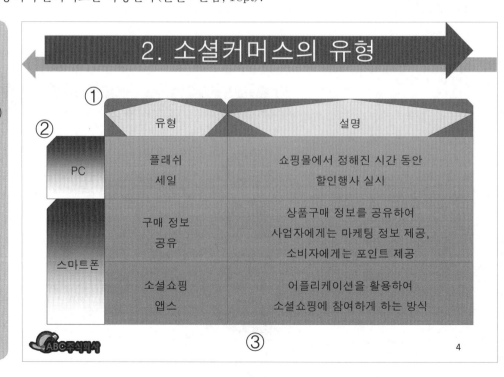

4

(1) 차트 작성 기능을 이용하여 슬라이드를 작성한다.
(2) 차트 : 종류(묶은 세로 막대형), 글꼴(돋움, 16pt), 외곽선

세부조건

※ 차트설명
· 차트제목 : 궁서, 24pt, 굵게,
  채우기(흰색), 테두리,
  그림자(오프셋 오른쪽)
· 차트영역 : 채우기(노랑)
  그림영역 : 채우기(흰색)
· 데이터 서식 : 여성 계열을
  표식이 있는 꺾은선형으로
  변경 후 보조축으로 지정
· 값 표시 : 인스타그램의 남성
  계열만

① 도형 삽입
– 스타일 :
  미세효과 – 파랑, 강조1
– 글꼴 : 굴림, 18pt

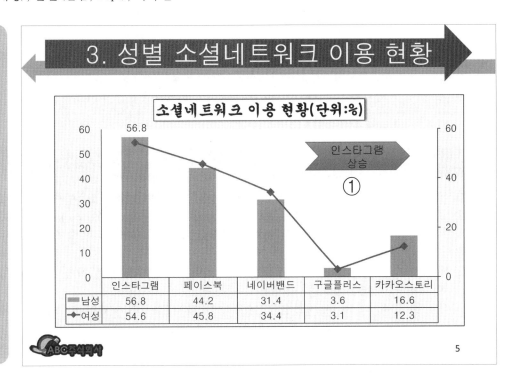

(1) 슬라이드와 같이 도형 및 스마트아트를 배치한다(글꼴 : 굴림, 18pt).
(2) 애니메이션 순서 : ① ⇒ ②

세부조건

① 도형 편집
– 그룹화 후 애니메이션 효과 :
  닦아내기(위에서)

② 도형 및 스마트아트 편집
– 스마트아트 디자인 :
  3차원 만화, 3차원 경사
– 그룹화 후 애니메이션 효과 :
  나타내기

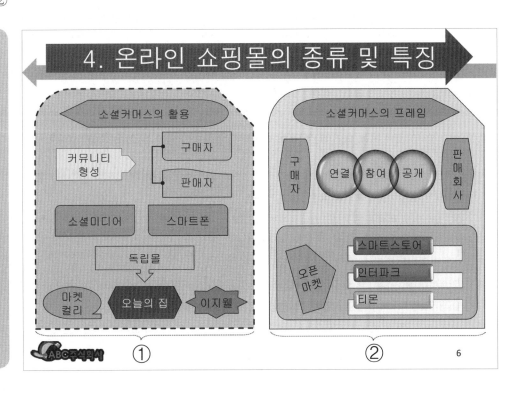

7회 기출유형 모의고사

과목	코드	문제유형	시험시간	수험번호	성 명
파워포인트	1142	A	60분	12343007	

수 험 자 유 의 사 항

- 수험자는 문제지를 받는 즉시 문제지와 **수험표상의 시험과목(프로그램)이 동일한지 반드시 확인**하여야 합니다.
- 파일명은 본인의 "수험번호-성명"으로 입력하여 답안폴더(내 PC\문서\ITQ)에 하나의 파일로 저장해야 하며, 답안문서 파일명이 "수험번호-성명"과 일치하지 않거나, 답안파일을 전송하지 않아 미제출로 처리될 경우 실격 처리합니다 (예 : 12345678-홍길동.pptx).
- 답안 작성을 마치면 파일을 저장하고, '답안 전송' 버튼을 선택하여 감독위원 PC로 답안을 전송하십시오. 수험생 정보와 저장한 파일명이 다를 경우 전송되지 않으므로 주의하시기 바랍니다.
- 답안 작성 중에도 **주기적으로 저장하고 '답안 전송'**하여야 문제 발생을 줄일 수 있습니다. 작업한 내용을 저장하지 않고 전송할 경우 이전에 저장된 내용이 전송되오니 이점 유의하시기 바랍니다.
- 답안문서는 지정된 경로 외의 다른 보조기억장치에 저장하는 경우, 지정된 시험 시간 외에 작성된 파일을 활용할 경우, 기타 통신수단(이메일, 메신저, 네트워크 등)을 이용하여 타인에게 전달 또는 외부 반출하는 경우는 부정 처리합니다.
- 시험 중 부주의 또는 고의로 시스템을 파손한 경우는 수험자가 변상해야 하며, <수험자 유의사항>에 기재된 방법대로 이행하지 않아 생기는 불이익은 수험생 당사자의 책임임을 알려 드립니다.
- 문제의 조건은 MS오피스 2021 버전으로 설정되어 있으며 MS오피스 2016은【 】에 표기되어 있습니다. 이와 관련하여 작성한 답안의 출력형태가 문제지와 다를 수 있습니다.
- 시험을 완료한 수험자는 답안파일이 전송되었는지 확인한 후 감독위원의 지시에 따라 문제지를 제출하고 퇴실합니다.

답 안 작 성 요 령

- 온라인 답안 작성 절차
  수험자 등록 ⇒ 시험 시작 ⇒ 답안파일 저장 ⇒ 답안 전송 ⇒ 시험 종료
- 슬라이드 크기는 A4 Paper로 설정하여 작성합니다.
- 슬라이드의 총 개수는 6개로 구성되어 있으며 슬라이드 1부터 순서대로 작업하고 반드시 문제와 세부조건대로 합니다.
- 별도의 지시사항이 없는 경우 출력형태를 참조하여 글꼴색은 검정 또는 흰색으로 작성하고, 기타사항은 전체적인 균형을 고려하여 작성합니다.
- 슬라이드 도형 및 개체에 출력형태와 다른 스타일(그림자, 외곽선 등)을 적용했을 경우 감점처리 됩니다.
- 슬라이드 번호를 작성합니다(슬라이드 1에는 생략).
- 2~6번 슬라이드 제목 도형과 하단 로고는 슬라이드 마스터를 이용하여 출력형태와 동일하게 작성합니다(슬라이드 1에는 생략).
- 문제와 세부조건, 세부조건 번호 ◌ (점선원)는 입력하지 않습니다.
- 각 객체의 위치는 오른쪽의 슬라이드와 동일하게 구성합니다.
- 그림 삽입 문제의 경우 반드시 「내 PC\문서\ITQ\Picture」 폴더에서 정확한 파일을 선택하여 삽입하십시오.
- 각 슬라이드를 각각의 파일로 작업해서 저장할 경우 실격 처리됩니다.

The Insight KPC
kpc 한국생산성본부

(1) 슬라이드 크기 및 순서 : 크기를 A4 용지로 설정하고 슬라이드 순서에 맞게 작성한다.
(2) 슬라이드 마스터 : 2~6슬라이드의 제목, 하단 로고, 슬라이드 번호는 슬라이드 마스터를 이용하여 작성한다.
   - 제목 글꼴(굴림, 40pt, 흰색), 가운데 맞춤, 도형(선 없음)
   - 하단 로고(「내 PC\문서\ITQ\Picture\로고1.jpg」, 배경(회색) 투명색으로 설정)

슬라이드 1   표지 디자인   40점

(1) 표지 디자인 : 도형, 워드아트 및 그림을 이용하여 작성한다.

세부조건

① 도형 편집
- 도형에 그림 채우기 :
「내 PC\문서\ITQ\Picture
\그림3.jpg」, 투명도 50%
- 도형 효과 :
(부드러운 가장자리 5포인트)

② 워드아트 삽입
- 변환 : 기울기, 위로
- 글꼴 : 돋움, 굵게
- 반사 : 전체 반사, 터치

③ 그림 삽입
- 「내 PC\문서\ITQ\Picture\
로고1.jpg」
- 배경(회색) 투명색으로 설정

슬라이드 2   목차 슬라이드   60점

(1) 출력형태와 같이 도형을 이용하여 목차를 작성한다(글꼴 : 굴림, 24pt).
(2) 도형 : 선 없음

세부조건

① 텍스트에 하이퍼링크 적용
→ '슬라이드 4'

② 그림 삽입
- 「내 PC\문서\ITQ\Picture
\그림5.jpg」
-자르기 기능 이용

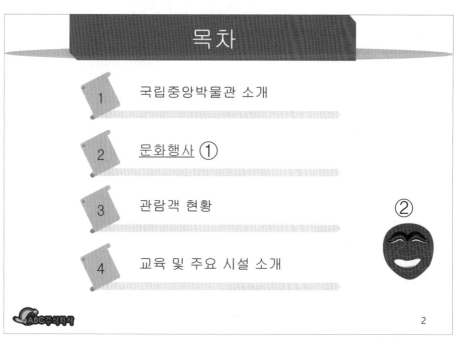

(1) 텍스트 작성 : 글머리 기호 사용(❖, ✔)
   ❖ 문단(굴림, 24pt, 굵게, 줄간격 : 1.5줄), ✔ 문단(굴림, 20pt, 줄간격 : 1.5줄)

세부조건

① 동영상 삽입 :
– 「내 PC₩문서₩ITQ₩Picture ₩동영상. wmv」
– 자동실행, 반복재생 설정

1. 국립중앙박물관 소개

❖ **National Museum of Korea**

   ✔ The Children's Museum in the National Museum of Korea is an archeological museum

   ✔ You may actually touch relics made identical to the real relics housed in the National Museum of Korea

❖ **개요**

   ✔ 조선총독부박물관을 인수하여 1945년 12월 3일 개관

   ✔ 한국의 전통적 건축정신을 현대적으로 재해석

   ✔ 우리 문화재가 최적의 환경에서 안전하게 보존될 수 있도록 22개의 수장고를 운영

ABC주식회사

3

(1) 출력형태와 같이 도형을 이용하여 목차를 작성한다(글꼴 : 돋움, 18pt).

세부조건

① 상단 도형 :
   2개 도형의 조합으로 작성

② 좌측 도형 :
   그라데이션 효과(선형 아래쪽)

③ 테이블 디자인 :
   테마 스타일 1 – 강조 6

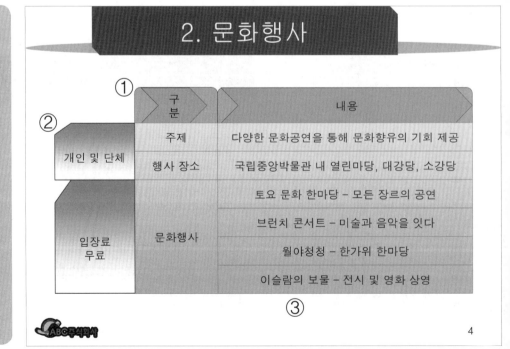

2. 문화행사

① 구분	내용
② 개인 및 단체 · 주제	다양한 문화공연을 통해 문화향유의 기회 제공
행사 장소	국립중앙박물관 내 열린마당, 대강당, 소강당
입장료 무료 · 문화행사	토요 문화 한마당 – 모든 장르의 공연
	브런치 콘서트 – 미술과 음악을 잇다
	월야청청 – 한가위 한마당
	이슬람의 보물 – 전시 및 영화 상영 ③

ABC주식회사

4

(1) 차트 작성 기능을 이용하여 슬라이드를 작성한다.
(2) 차트 : 종류(묶은 세로 막대형), 글꼴(굴림, 16pt), 외곽선

세부조건

※ 차트설명
· 차트제목 : 궁서, 24pt, 굵게,
  채우기(흰색), 테두리,
  그림자(오프셋 위쪽)
· 차트영역 : 채우기(노랑)
  그림영역 : 채우기(흰색)
· 데이터 서식 : '여자' 계열을
  표식이 있는 꺾은선형으로 변경
  후 보조 축으로 지정
· 값표시 : 10월의 여자 계열만
· 데이터 테이블 표시

① 도형 삽입
– 스타일 :
  미세효과 – 파랑, 강조1
– 글꼴 : 굴림, 18pt

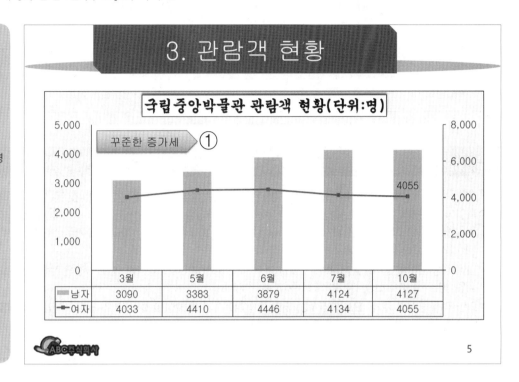

(1) 출력형태와 같이 도형을 이용하여 목차를 작성한다(글꼴 : 굴림, 18pt).
(2) 애니메이션 순서 : ① ⇒ ②

세부조건

① 도형 및 스마트아트 편집
– 스마트아트 디자인 : 3차원
  만화, 3차원 벽돌
– 그룹화 후 애니메이션 효과 :
  닦아내기(위에서)

② 도형 편집
그룹화 후 애니메이션 효과 :
바운드

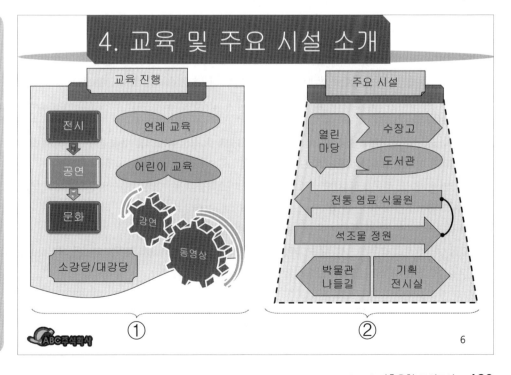

8회 기출유형 모의고사

과목	코드	문제유형	시험시간	수험번호	성 명
파워포인트	1142	A	60분	12343008	

수 험 자 유 의 사 항

- 수험자는 문제지를 받는 즉시 문제지와 **수험표상의 시험과목(프로그램)이 동일한지 반드시 확인**하여야 합니다.

- 파일명은 본인의 "수험번호-성명"으로 입력하여 답안폴더(내 PC₩문서₩ITQ)에 하나의 파일로 저장해야 하며, 답안문서 파일명이 "수험번호-성명"과 일치하지 않거나, 답안파일을 전송하지 않아 미제출로 처리될 경우 실격 처리합니다 (예 : 12345678-홍길동.pptx).

- 답안 작성을 마치면 파일을 저장하고, '답안 전송' 버튼을 선택하여 감독위원 PC로 답안을 전송하십시오. 수험생 정보와 저장한 파일명이 다를 경우 전송되지 않으므로 주의하시기 바랍니다.

- 답안 작성 중에도 **주기적으로 저장하고 '답안 전송'**하여야 문제 발생을 줄일 수 있습니다. 작업한 내용을 저장하지 않고 전송할 경우 이전에 저장된 내용이 전송되오니 이점 유의하시기 바랍니다.

- 답안문서는 지정된 경로 외의 다른 보조기억장치에 저장하는 경우, 지정된 시험 시간 외에 작성된 파일을 활용할 경우, 기타 통신 수단(이메일, 메신저, 네트워크 등)을 이용하여 타인에게 전달 또는 외부 반출하는 경우는 부정 처리합니다.

- 시험 중 부주의 또는 고의로 시스템을 파손한 경우는 수험자가 변상해야 하며, 〈수험자 유의사항〉에 기재된 방법대로 이행하지 않아 생기는 불이익은 수험생 당사자의 책임임을 알려 드립니다.

- 문제의 조건은 MS오피스 2021 버전으로 설정되어 있으며 MS오피스 2016은【 】에 표기되어 있습니다. 이와 관련하여 작성한 답안의 출력형태가 문제지와 다를 수 있습니다.

- 시험을 완료한 수험자는 답안파일이 전송되었는지 확인한 후 감독위원의 지시에 따라 문제지를 제출하고 퇴실합니다.

답 안 작 성 요 령

- 온라인 답안 작성 절차
  수험자 등록 ⇒ 시험 시작 ⇒ 답안파일 저장 ⇒ 답안 전송 ⇒ 시험 종료

- 슬라이드 크기는 A4 Paper로 설정하여 작성합니다.

- 슬라이드의 총 개수는 6개로 구성되어 있으며 슬라이드 1부터 순서대로 작업하고 반드시 문제와 세부조건대로 합니다.

- 별도의 지시사항이 없는 경우 출력형태를 참조하여 글꼴색은 검정 또는 흰색으로 작성하고, 기타사항은 전체적인 균형을 고려하여 작성합니다.

- 슬라이드 도형 및 개체에 출력형태와 다른 스타일(그림자, 외곽선 등)을 적용했을 경우 감점처리 됩니다.

- 슬라이드 번호를 작성합니다(슬라이드 1에는 생략).

- 2~6번 슬라이드 제목 도형과 하단 로고는 슬라이드 마스터를 이용하여 출력형태와 동일하게 작성합니다(슬라이드 1에는 생략).

- 문제와 세부조건, 세부조건 번호 ◌ (점선원)는 입력하지 않습니다.

- 각 객체의 위치는 오른쪽의 슬라이드와 동일하게 구성합니다.

- 그림 삽입 문제의 경우 반드시 「내 PC₩문서₩ITQ₩Picture」 폴더에서 정확한 파일을 선택하여 삽입하십시오.

- 각 슬라이드를 각각의 파일로 작업해서 저장할 경우 실격 처리됩니다.

(1) 슬라이드 크기 및 순서 : 크기를 A4 용지로 설정하고 슬라이드 순서에 맞게 작성한다.
(2) 슬라이드 마스터 : 2~6슬라이드의 제목, 하단 로고, 슬라이드 번호는 슬라이드 마스터를 이용하여 작성한다.
 – 제목 글꼴(굴림, 40pt, 흰색), 가운데 맞춤, 도형(선 없음)
 – 하단 로고(「내 PC₩문서₩ITQ₩Picture₩로고3.jpg」, 배경(연보라) 투명색으로 설정)

슬라이드 1 표지 디자인 40점

(1) 표지 디자인 : 도형, 워드아트 및 그림을 이용하여 작성한다.

세부조건

① 도형 편집
– 도형에 그림 채우기 :
「내 PC₩문서₩ITQ₩Picture
₩그림2.jpg」, 투명도 50%
– 도형 효과 :
부드러운 가장자리 5pt

② 워드아트 삽입
– 변환 : 물결, 아래로
– 글꼴 : 굴림, 굵게
– 반사 : 근접 반사, 터치

③ 그림 삽입
– 「내 PC₩문서₩ITQ₩Picture
₩로고3.jpg」
– 배경(연보라) 투명색으로 설정

슬라이드 2 목차 슬라이드 60점

(1) 출력형태와 같이 도형을 이용하여 목차를 작성한다(글꼴 : 돋움, 24pt).
(2) 도형 : 선 없음

세부조건

① 텍스트에 하이퍼링크 적용
→ '슬라이드 5'

② 그림 삽입
– 「내 PC₩문서₩ITQ₩Picture
₩그림4.jpg」
– 자르기 기능 이용

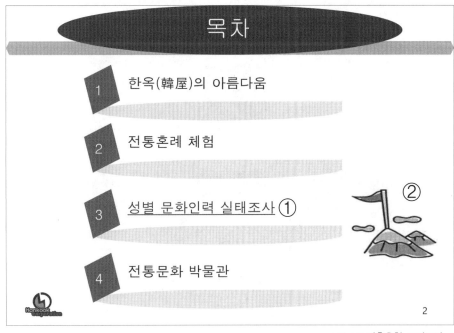

(1) 텍스트 작성 : 글머리 기호 사용(✓, ■)
　　✓문단(굴림, 24pt, 굵게, 줄간격 : 1.5줄), ■문단(굴림, 20pt, 줄간격 : 1.5줄)

세부조건

① 동영상 삽입 :
- 「내 PC₩문서₩ITQ₩Picture ₩동영상. wmv」
- 자동실행, 반복재생 설정

1. 한옥(韓屋)의 아름다움

✓ **Traditional Korea-style house**

- Lines and planes make simple but powerful and elegant beauty

- Buildings are unsymmetrical, atypical and their colours are natural so that they look unexaggerated

①

✓ **한옥의 종류**

- 기와집 : 지붕 재료인 기와는 진흙으로 빚어 불에 구운 일종의 도기

- 초가집 : 볏짚은 여름철 햇볕을 감소시키고, 겨울철 집안 온기가 밖으로 빠져 나가는 것을 막아줌

3

---

(1) 도형과 표 작성 기능을 이용하여 슬라이드를 작성한다(글꼴 : 굴림, 18pt).

세부조건

① 상단 도형 :
　2개 도형의 조합으로 작성

② 좌측 도형 :
　그라데이션 효과(선형 아래쪽)

③ 테이블 디자인 :
　테마 스타일 1 - 강조 5

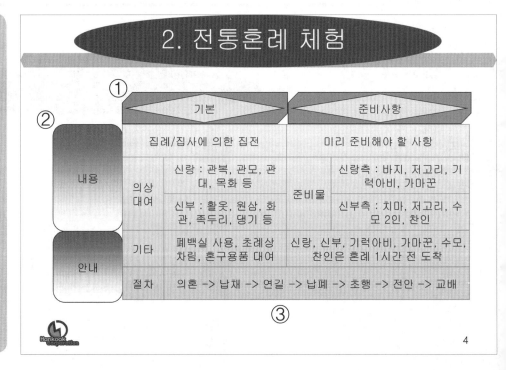

2. 전통혼례 체험

①

	기본	준비사항
	집례/집사에 의한 집전	미리 준비해야 할 사항
내용	의상 대여	신랑 : 관복, 관모, 관대, 목화 등	준비물	신랑측 : 바지, 저고리, 기럭아비, 가마꾼
		신부 : 활옷, 원삼, 화관, 족두리, 댕기 등		신부측 : 치마, 저고리, 수모 2인, 찬인
안내	기타	폐백실 사용, 초례상 차림, 혼구용품 대여	신랑, 신부, 기럭아비, 가마꾼, 수모, 찬인은 혼례 1시간 전 도착
	절차	의혼 -> 납채 -> 연길 -> 납폐 -> 초행 -> 전안 -> 교배

③

4

(1) 차트 작성 기능을 이용하여 슬라이드를 작성한다.
(2) 차트 : 종류(묶은 세로 막대형), 글꼴(돋움, 16pt), 외곽선

세부조건

※ 차트설명
· 차트제목 : 궁서, 24pt, 굵게,
　채우기(흰색), 테두리,
　그림자(오프셋 오른쪽)
· 차트영역 : 채우기(노랑)
　그림영역 : 채우기(흰색)
· 데이터 서식 : '여자' 계열을
　표식이 있는 꺾은선형으로 변경
　후 보조축 으로 지정
· 값표시 : 50대의 남자 계열만

① 도형 삽입
– 스타일 :
　미세효과 – 파랑, 강조1
– 글꼴 : 굴림, 18pt

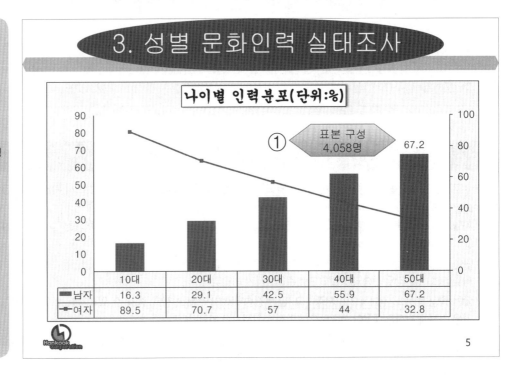

(1) 슬라이드와 같이 도형 및 스마트아트를 배치한다(글꼴 : 굴림, 18pt).
(2) 애니메이션 순서 : ① ⇒ ②

세부조건

① 도형 및 스마트아트 편집
– 스마트아트 디자인 :
　3차원 벽돌, 3차원 경사
– 그룹화 후 애니메이션 효과 :
　닦아내기(아래에서)

② 도형 편집
　그룹화 후 애니메이션 효과 :
　회전

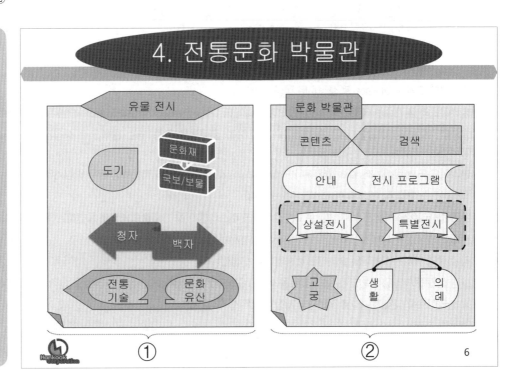

9회 기출유형 모의고사

과목	코드	문제유형	시험시간	수험번호	성 명
파워포인트	1142	A	60분	12343009	

수 험 자 유 의 사 항

- 수험자는 문제지를 받는 즉시 문제지와 **수험표상의 시험과목(프로그램)이 동일한지 반드시 확인**하여야 합니다.
- 파일명은 본인의 "수험번호-성명"으로 입력하여 답안폴더(내 PC₩문서₩ITQ)에 하나의 파일로 저장해야 하며, 답안문서 파일명이 "수험번호-성명"과 일치하지 않거나, 답안파일을 전송하지 않아 미제출로 처리될 경우 실격 처리합니다 (예 : 12345678-홍길동.pptx).
- 답안 작성을 마치면 파일을 저장하고, '답안 전송' 버튼을 선택하여 감독위원 PC로 답안을 전송하십시오. 수험생 정보와 저장한 파일명이 다를 경우 전송되지 않으므로 주의하시기 바랍니다.
- 답안 작성 중에도 **주기적으로 저장하고 '답안 전송'**하여야 문제 발생을 줄일 수 있습니다. 작업한 내용을 저장하지 않고 전송할 경우 이전에 저장된 내용이 전송되오니 이점 유의하시기 바랍니다.
- 답안문서는 지정된 경로 외의 다른 보조기억장치에 저장하는 경우, 지정된 시험 시간 외에 작성된 파일을 활용할 경우, 기타 통신 수단(이메일, 메신저, 네트워크 등)을 이용하여 타인에게 전달 또는 외부 반출하는 경우는 부정 처리합니다.
- 시험 중 부주의 또는 고의로 시스템을 파손한 경우는 수험자가 변상해야 하며, 〈수험자 유의사항〉에 기재된 방법대로 이행하지 않아 생기는 불이익은 수험생 당사자의 책임임을 알려 드립니다.
- 문제의 조건은 MS오피스 2021 버전으로 설정되어 있으며 MS오피스 2016은【 】에 표기되어 있습니다. 이와 관련하여 작성한 답안의 출력형태가 문제지와 다를 수 있습니다.
- 시험을 완료한 수험자는 답안파일이 전송되었는지 확인한 후 감독위원의 지시에 따라 문제지를 제출하고 퇴실합니다.

답 안 작 성 요 령

- 온라인 답안 작성 절차
  수험자 등록 ⇒ 시험 시작 ⇒ 답안파일 저장 ⇒ 답안 전송 ⇒ 시험 종료
- 슬라이드 크기는 A4 Paper로 설정하여 작성합니다.
- 슬라이드의 총 개수는 6개로 구성되어 있으며 슬라이드 1부터 순서대로 작업하고 반드시 문제와 세부조건대로 합니다.
- 별도의 지시사항이 없는 경우 출력형태를 참조하여 글꼴색은 검정 또는 흰색으로 작성하고, 기타사항은 전체적인 균형을 고려하여 작성합니다.
- 슬라이드 도형 및 개체에 출력형태와 다른 스타일(그림자, 외곽선 등)을 적용했을 경우 감점처리 됩니다.
- 슬라이드 번호를 작성합니다(슬라이드 1에는 생략).
- 2~6번 슬라이드 제목 도형과 하단 로고는 슬라이드 마스터를 이용하여 출력형태와 동일하게 작성합니다(슬라이드 1에는 생략).
- 문제와 세부조건, 세부조건 번호 ◌ (점선원)는 입력하지 않습니다.
- 각 객체의 위치는 오른쪽의 슬라이드와 동일하게 구성합니다.
- 그림 삽입 문제의 경우 반드시 「내 PC₩문서₩ITQ₩Picture」 폴더에서 정확한 파일을 선택하여 삽입하십시오.
- 각 슬라이드를 각각의 파일로 작업해서 저장할 경우 실격 처리됩니다.

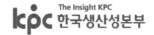

(1) 슬라이드 크기 및 순서 : 크기를 A4 용지로 설정하고 슬라이드 순서에 맞게 작성한다.
(2) 슬라이드 마스터 : 2~6슬라이드의 제목, 하단 로고, 슬라이드 번호는 슬라이드 마스터를 이용하여 작성한다.
      – 제목 글꼴(돋움, 40pt, 흰색), 가운데 맞춤, 도형(선 없음)
      – 하단 로고(「내 PC₩문서₩ITQ₩Picture₩로고2.jpg」, 배경(회색) 투명색으로 설정)

슬라이드 1   표지 디자인   40점

(1) 표지 디자인 : 도형, 워드아트 및 그림을 이용하여 작성한다.

세부조건

① 도형 편집
– 도형에 그림 채우기 :
 「내 PC₩문서₩ITQ₩Picture
 ₩그림1.jpg」, 투명도 50%
– 도형 효과 :
 부드러운 가장자리 5포인트

② 워드아트 삽입
– 변환 : 갈매기형 수장, 위로
– 글꼴 : 돋움, 굵게
– 텍스트 반사 : 전체 반사,
 4pt 오프셋

③ 그림 삽입
– 「내 PC₩문서₩ITQ₩Picture
 ₩로고2.jpg」
– 배경(회색) 투명색으로 설정

슬라이드 2   목차 슬라이드   60점

(1) 출력형태와 같이 도형을 이용하여 목차를 작성한다(글꼴 : 굴림, 24pt).
(2) 도형 : 선 없음

세부조건

① 텍스트에 하이퍼링크 적용
→ '슬라이드 4'

② 그림 삽입
– 「내 PC₩문서₩ITQ₩Picture
 ₩그림5.jpg」
– 자르기 기능 이용

(1) 텍스트 작성 : 글머리 기호 사용(❖, ■)
　　❖문단(돋움, 24pt, 굵게, 줄간격 : 1.5줄), ■문단(돋움, 20pt, 줄간격 : 1.5줄)

세부조건

① 동영상 삽입 :
- 「내 PC\문서\ITQ\Picture
　\동영상.wmv」
- 자동실행, 반복재생 설정

1. 전기차의 원리 및 구조

❖ **Principles of Electric Cars**

　■ Electric cars are vehicles that produce drive by
　　supplying electric energy from high voltage
　　batteries to electric motors

①

❖ **전기차 내부 구조**

　■ 급속충전기는 충전까지 30분 정도 소요

　■ 배터리에서 공급되는 전기에너지만을 동력원으로 전기모터를 구동

　■ 제동 횟수가 많은 도심에서 에너지 효율성 극대화

123주식회사　　　　　　　　　　　　　　3

(1) 도형과 표 작성 기능을 이용하여 슬라이드를 작성한다(글꼴 : 굴림, 18pt).

세부조건

① 상단 도형 :
　2개 도형의 조합으로 작성

② 좌측 도형 :
　그라데이션 효과
　(선형 아래쪽)

③ 테이블 디자인 :
　테마 스타일 1 – 강조 6

2. 전기차 설치 유형에 따른 분류

①

②

	벽부형 충전기	스탠드형 충전기	이동형 충전기
용량	3~7kW	3~7kW	3kW(최고)
충전 시간	4~6시간	4~6시간	6~9시간
특징	U형 볼라드, 차량 스토퍼, 차선 도색 충전기 위치가 외부에 설치되어 눈, 비에 노출 될 경우만 케노피 설치		220V 콘센트에 RFID 태그를 부착하여 충전

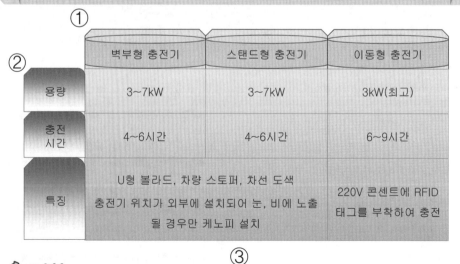

123주식회사　　　　③　　　　　　　4

(1) 차트 작성 기능을 이용하여 슬라이드를 작성한다.
(2) 차트 : 종류(묶은 세로 막대형), 글꼴(굴림, 16pt), 외곽선

세부조건

※ 차트설명
· 차트제목 : 궁서, 24pt, 굵게,
  채우기(흰색), 테두리,
  그림자(오프셋 오른쪽)
· 차트영역 : 채우기(노랑)
  그림영역 : 채우기(흰색)
· 데이터 서식 : 2024년 계열을
  표식이 있는 꺾은선형으로
  변경 후 보조축으로 지정
· 값 표시 : 전라권의 2024년
  계열만

① 도형 삽입
– 스타일 :
  미세효과 – 파랑, 강조1
– 글꼴 : 돋움, 18pt

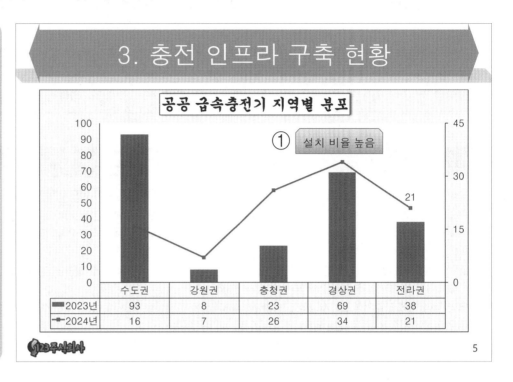

3. 충전 인프라 구축 현황

공공 급속충전기 지역별 분포

① 설치 비율 높음

	수도권	강원권	충청권	경상권	전라권
2023년	93	8	23	69	38
2024년	16	7	26	34	21

(1) 슬라이드와 같이 도형 및 스마트아트를 배치한다(글꼴 : 굴림, 18pt).
(2) 애니메이션 순서 : ① ⇒ ②

세부조건

① 도형 및 스마트아트 편집
– 스마트아트 디자인 :
  3차원 경사, 3차원 만화
– 그룹화 후 애니메이션 효과 :
  올라오기(서서히 위로)

② 도형 편집
– 그룹화 후 애니메이션 효과 :
  실선 무늬(가로)

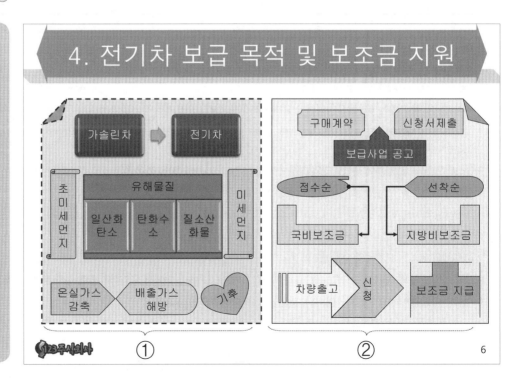

4. 전기차 보급 목적 및 보조금 지원

과목	코드	문제유형	시험시간	수험번호	성 명
파워포인트	1142	A	60분	12343010	

수 험 자 유 의 사 항

- 수험자는 문제지를 받는 즉시 문제지와 **수험표상의 시험과목(프로그램)이 동일한지 반드시 확인**하여야 합니다.
- 파일명은 본인의 "수험번호-성명"으로 입력하여 답안폴더(내 PC\문서\ITQ)에 하나의 파일로 저장해야 하며, 답안문서 파일명이 "수험번호-성명"과 일치하지 않거나, 답안파일을 전송하지 않아 미제출로 처리될 경우 실격 처리합니다 (예 : 12345678-홍길동.pptx).
- 답안 작성을 마치면 파일을 저장하고, '답안 전송' 버튼을 선택하여 감독위원 PC로 답안을 전송하십시오. 수험생 정보와 저장한 파일명이 다를 경우 전송되지 않으므로 주의하시기 바랍니다.
- 답안 작성 중에도 **주기적으로 저장하고 '답안 전송'**하여야 문제 발생을 줄일 수 있습니다. 작업한 내용을 저장하지 않고 전송할 경우 이전에 저장된 내용이 전송되오니 이점 유의하시기 바랍니다.
- 답안문서는 지정된 경로 외의 다른 보조기억장치에 저장하는 경우, 지정된 시험 시간 외에 작성된 파일을 활용할 경우, 기타 통신 수단(이메일, 메신저, 네트워크 등)을 이용하여 타인에게 전달 또는 외부 반출하는 경우는 부정 처리합니다.
- 시험 중 부주의 또는 고의로 시스템을 파손한 경우는 수험자가 변상해야 하며, 〈수험자 유의사항〉에 기재된 방법대로 이행하지 않아 생기는 불이익은 수험생 당사자의 책임임을 알려 드립니다.
- 문제의 조건은 MS오피스 2021 버전으로 설정되어 있으며 MS오피스 2016은【 】에 표기되어 있습니다. 이와 관련하여 작성한 답안의 출력형태가 문제지와 다를 수 있습니다.
- 시험을 완료한 수험자는 답안파일이 전송되었는지 확인한 후 감독위원의 지시에 따라 문제지를 제출하고 퇴실합니다.

답 안 작 성 요 령

- 온라인 답안 작성 절차
  수험자 등록 ⇒ 시험 시작 ⇒ 답안파일 저장 ⇒ 답안 전송 ⇒ 시험 종료
- 슬라이드 크기는 A4 Paper로 설정하여 작성합니다.
- 슬라이드의 총 개수는 6개로 구성되어 있으며 슬라이드 1부터 순서대로 작업하고 반드시 문제와 세부조건대로 합니다.
- 별도의 지시사항이 없는 경우 출력형태를 참조하여 글꼴색은 검정 또는 흰색으로 작성하고, 기타사항은 전체적인 균형을 고려하여 작성합니다.
- 슬라이드 도형 및 개체에 출력형태와 다른 스타일(그림자, 외곽선 등)을 적용했을 경우 감점처리 됩니다.
- 슬라이드 번호를 작성합니다(슬라이드 1에는 생략).
- 2~6번 슬라이드 제목 도형과 하단 로고는 슬라이드 마스터를 이용하여 출력형태와 동일하게 작성합니다(슬라이드 1에는 생략).
- 문제와 세부조건, 세부조건 번호 ◌ (점선원)는 입력하지 않습니다.
- 각 객체의 위치는 오른쪽의 슬라이드와 동일하게 구성합니다.
- 그림 삽입 문제의 경우 반드시 「내 PC\문서\ITQ\Picture」 폴더에서 정확한 파일을 선택하여 삽입하십시오.
- 각 슬라이드를 각각의 파일로 작업해서 저장할 경우 실격 처리됩니다.

The Insight KPC
kpc 한국생산성본부

(1) 슬라이드 크기 및 순서 : 크기를 A4 용지로 설정하고 슬라이드 순서에 맞게 작성한다.
(2) 슬라이드 마스터 : 2~6슬라이드의 제목, 하단 로고, 슬라이드 번호는 슬라이드 마스터를 이용하여 작성한다.
   – 제목 글꼴(돋움, 40pt, 흰색), 가운데 맞춤, 도형(선 없음)
   – 하단 로고(「내 PC\문서\ITQ\Picture\로고2.jpg」, 배경(회색) 투명색으로 설정)

슬라이드 1 표지 디자인 40점

(1) 표지 디자인 : 도형, 워드아트 및 그림을 이용하여 작성한다.

세부조건

① 도형 편집
 – 도형에 그림 채우기 :
   「내 PC\문서\ITQ\Picture
   \그림2.jpg」, 투명도 50%
 – 도형 효과 :
   부드러운 가장자리 5포인트

② 워드아트 삽입
 – 변환 : 갈매기형 수장, 아래로
 – 글꼴 : 굴림, 굵게
 – 반사 : 근접 반사, 터치

③ 그림 삽입
 – 「내 PC\문서\ITQ\Picture
   \로고2.jpg」
 – 배경(회색) 투명색으로 설정

슬라이드 2 목차 슬라이드 60점

(1) 출력형태와 같이 도형을 이용하여 목차를 작성한다(글꼴 : 굴림, 24pt).
(2) 도형 : 선 없음

세부조건

① 텍스트에 하이퍼링크 적용
 → '슬라이드 6'

② 그림 삽입
 – 「내 PC\문서\ITQ\Picture
   \그림5.jpg」
 – 자르기 기능 이용

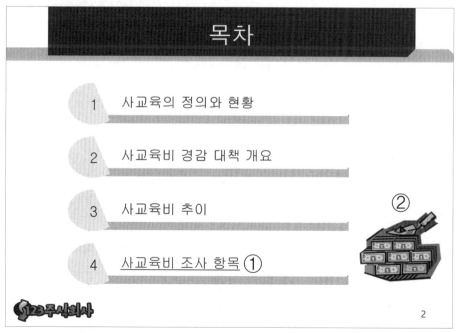

(1) 텍스트 작성 : 글머리 기호 사용(◆, ✓)
    ◆문단(굴림, 24pt, 굵게, 줄간격 : 1.5줄), ✓문단(굴림, 20pt, 줄간격 : 1.5줄)

세부조건

① 동영상 삽입 :
- 「내 PC₩문서₩ITQ₩Picture ₩동영상.wmv」
- 자동실행, 반복재생 설정

1. 사교육의 정의와 현황

◆ **Private education cost growth hits 5-year high in Feb**
   ✓ Prices of private education and other extracurricular activities grew at the fastest pace in about five years in February, data showed Wednesday, indicating the heavier burden that parents have to shoulder in educating their children

◆ **사교육의 정의**
   ✓ 공교육에 반대되는 개념으로, 국가가 관리하는 유아교육법 및 초, 중등교육법, 고등교육법의 적용을 받는 교육기관 밖에서 이루어지는 교육
   ✓ 개인이 의사결정의 주체가 되어 이루어지는 교육

3

(1) 도형과 표 작성 기능을 이용하여 슬라이드를 작성한다(글꼴 : 굴림, 18pt).

세부조건

① 상단 도형 :
   2개 도형의 조합으로 작성

② 좌측 도형 :
   그라데이션 효과(선형 아래쪽)

③ 테이블 디자인 :
   테마 스타일 1 - 강조 6

2. 사교육비 경감 대책 개요

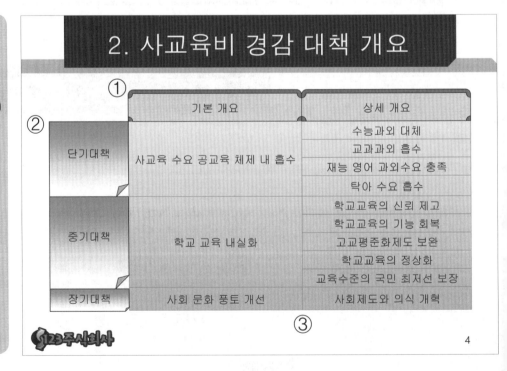

	기본 개요	상세 개요
단기대책	사교육 수요 공교육 체제 내 흡수	수능과외 대체
		교과과외 흡수
		재능 영어 과외수요 충족
		탁아 수요 흡수
중기대책	학교 교육 내실화	학교교육의 신뢰 제고
		학교교육의 기능 회복
		고교평준화제도 보완
		학교교육의 정상화
		교육수준의 국민 최저선 보장
장기대책	사회 문화 풍토 개선	사회제도와 의식 개혁

4

차트 슬라이드   100점

(1) 차트 작성 기능을 이용하여 슬라이드를 작성한다.
(2) 차트 : 종류(묶은 세로 막대형), 글꼴(돋움, 16pt), 외곽선

세부조건

※ 차트설명
· 차트제목 : 궁서, 24pt, 굵게,
  채우기(흰색), 테두리,
  그림자(오프셋 아래쪽)
· 차트영역 : 채우기(노랑)
  그림영역 : 채우기(흰색)
· 데이터 서식 : 사교육비 계열을
  표식이 있는 꺾은선형으로
  변경 후 보조축으로 지정
· 값표시 : 2024년의 증감률
  계열만

① 도형 삽입
- 스타일 :
  미세효과 - 파랑, 강조1
- 글꼴 : 돋움, 18pt

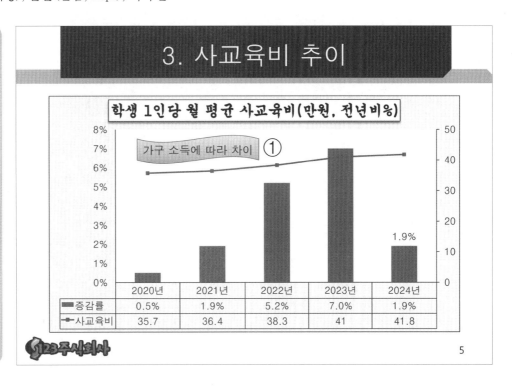

도형 슬라이드   100점

(1) 슬라이드와 같이 도형 및 스마트아트를 배치한다(글꼴 : 굴림, 18pt).
(2) 애니메이션 순서 : ① ⇒ ②

세부조건

① 도형 및 스마트아트 편집
- 스마트아트 디자인 :
  3차원 경사, 3차원 금속
- 그룹화 후 애니메이션 효과 :
  시계 방향 회전(살 1개)

② 도형 편집
- 그룹화 후 애니메이션 효과 :
  바운드

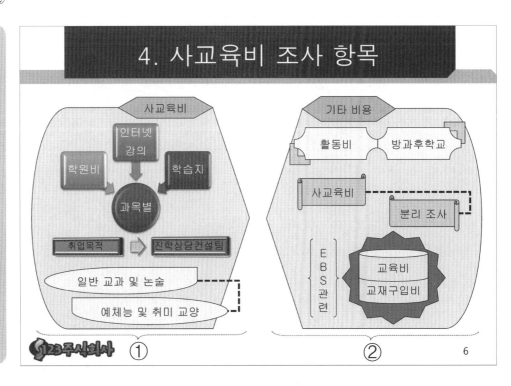

MEMO

PART 3

기출문제

기출문제를 풀어봄으로써 최근 출제경향을 파악하고
수검자의 실력을 확인하도록 합니다.

※정답 파일과 동영상 강의는 [자료실]에서 다운로드하세요.

기출문제

Information Technology Qualification

과목	코드	문제유형	시험시간	수험번호	성 명
파워포인트	1142	A	60분	12343021	

수 험 자 유 의 사 항

● 수험자는 문제지를 받는 즉시 문제지와 **수험표상의 시험과목(프로그램)이 동일한지 반드시 확인**하여야 합니다.

● 파일명은 본인의 "수험번호-성명"으로 입력하여 답안폴더(내 PC\문서\ITQ)에 하나의 파일로 저장해야 하며, 답안문서 파일명이 "수험번호-성명"과 일치하지 않거나, 답안파일을 전송하지 않아 미제출로 처리될 경우 실격 처리합니다 (예 : 12345678-홍길동.pptx).

● 답안 작성을 마치면 파일을 저장하고, '답안 전송' 버튼을 선택하여 감독위원 PC로 답안을 전송하십시오. 수험생 정보와 저장한 파일명이 다를 경우 전송되지 않으므로 주의하시기 바랍니다.

● 답안 작성 중에도 **주기적으로 저장하고 '답안 전송'**하여야 문제 발생을 줄일 수 있습니다. 작업한 내용을 저장하지 않고 전송할 경우 이전에 저장된 내용이 전송되오니 이점 유의하시기 바랍니다.

● 답안문서는 지정된 경로 외의 다른 보조기억장치에 저장하는 경우, 지정된 시험 시간 외에 작성된 파일을 활용할 경우, 기타 통신 수단(이메일, 메신저, 네트워크 등)을 이용하여 타인에게 전달 또는 외부 반출하는 경우는 부정 처리합니다.

● 시험 중 부주의 또는 고의로 시스템을 파손한 경우는 수험자가 변상해야 하며, <수험자 유의사항>에 기재된 방법대로 이행하지 않아 생기는 불이익은 수험생 당사자의 책임임을 알려 드립니다.

● 문제의 조건은 MS오피스 2021 버전으로 설정되어 있으며 MS오피스 2016은【 】에 표기되어 있습니다. 이와 관련하여 작성한 답안의 출력형태가 문제지와 다를 수 있습니다.

● 시험을 완료한 수험자는 답안파일이 전송되었는지 확인한 후 감독위원의 지시에 따라 문제지를 제출하고 퇴실합니다.

답 안 작 성 요 령

● 온라인 답안 작성 절차
  수험자 등록 ⇒ 시험 시작 ⇒ 답안파일 저장 ⇒ 답안 전송 ⇒ 시험 종료

● 슬라이드 크기는 A4 Paper로 설정하여 작성합니다.

● 슬라이드의 총 개수는 6개로 구성되어 있으며 슬라이드 1부터 순서대로 작업하고 반드시 문제와 세부조건대로 합니다.

● 별도의 지시사항이 없는 경우 출력형태를 참조하여 글꼴색은 검정 또는 흰색으로 작성하고, 기타사항은 전체적인 균형을 고려하여 작성합니다.

● 슬라이드 도형 및 개체에 출력형태와 다른 스타일(그림자, 외곽선 등)을 적용했을 경우 감점처리 됩니다.

● 슬라이드 번호를 작성합니다(슬라이드 1에는 생략).

● 2~6번 슬라이드 제목 도형과 하단 로고는 슬라이드 마스터를 이용하여 출력형태와 동일하게 작성합니다(슬라이드 1에는 생략).

● 문제와 세부조건, 세부조건 번호 ○ (점선원)는 입력하지 않습니다.

● 각 객체의 위치는 오른쪽의 슬라이드와 동일하게 구성합니다.

● 그림 삽입 문제의 경우 반드시 「내 PC\문서\ITQ\Picture」 폴더에서 정확한 파일을 선택하여 삽입하십시오.

● 각 슬라이드를 각각의 파일로 작업해서 저장할 경우 실격 처리됩니다.

(1) 슬라이드 크기 및 순서 : 크기를 A4 용지로 설정하고 슬라이드 순서에 맞게 작성한다.
(2) 슬라이드 마스터 : 2~6슬라이드의 제목, 하단 로고, 슬라이드 번호는 슬라이드 마스터를 이용하여 작성한다.
　　– 제목 글꼴(돋움, 40pt, 흰색), 가운데 맞춤, 도형(선 없음)
　　– 하단 로고(「내 PC₩문서₩ITQ₩Picture₩로고2.jpg」, 배경(회색) 투명색으로 설정)

슬라이드 1　　　표지 디자인　　　40점

(1) 표지 디자인 : 도형, 워드아트 및 그림을 이용하여 작성한다.

세부조건

① 도형 편집
- 도형에 그림 채우기 :
　「내 PC₩문서₩ITQ₩Picture
　₩그림1.jpg」, 투명도 50%
- 도형 효과 :
　부드러운 가장자리 5포인트

② 워드아트 삽입
- 변환 : 팽창
- 글꼴 : 돋움, 굵게
- 텍스트 반사 :
　근접 반사, 4pt 오프셋

③ 그림 삽입
- 「내 PC₩문서₩ITQ₩Picture
　₩로고2.jpg」
- 배경(회색) 투명색으로 설정

슬라이드 2　　　목차 슬라이드　　　60점

(1) 출력형태와 같이 도형을 이용하여 목차를 작성한다(글꼴 : 굴림, 24pt).
(2) 도형 : 선 없음

세부조건

① 텍스트에 하이퍼링크 적용
→ '슬라이드 4'

② 그림 삽입
- 「내 PC₩문서₩ITQ₩Picture
　₩그림5.jpg」
- 자르기 기능 이용

(1) 텍스트 작성 : 글머리 기호 사용(❖, ■)
　　❖문단(굴림, 24pt, 굵게, 줄간격 : 1.5줄),　■문단(굴림, 20pt, 줄간격 : 1.5줄)

세부조건

① 동영상 삽입 :
– 「내 PC₩문서₩ITQ₩Picture
　₩동영상.wmv」
– 자동실행, 반복재생 설정

1. 헬시플레저란?

❖ **Healthy Pleasure**

- A compound word of HEALTH and PLEASURE
- A word that means the pleasure of health care instead of the painful past health care

①

❖ **헬시플레저**

- 건강과 기쁨이 합쳐진 단어로 건강 관리의 즐거움을 뜻하며 과거의 고통스러운 건강 관리 대신 즐겁고 재미있게 놀이처럼 즐길 수 있는 새롭고 편리한 건강 관리 방식을 의미

3

(1) 도형과 표 작성 기능을 이용하여 슬라이드를 작성한다(글꼴 : 돋움, 18pt).

세부조건

① 상단 도형 :
　2개 도형의 조합으로 작성

② 좌측 도형 :
　그라데이션 효과(선형 아래쪽)

③ 테이블 디자인 :
　테마 스타일 1 – 강조 5

2. 헬시플레저를 실천하는 방법

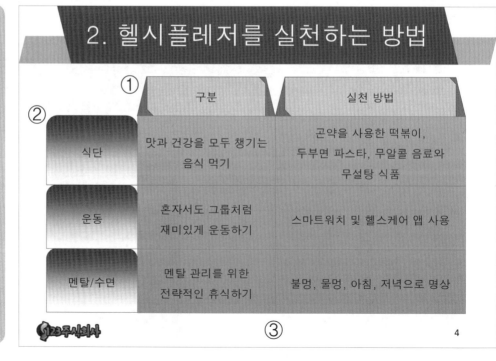

구분 ①		실천 방법
식단	맛과 건강을 모두 챙기는 음식 먹기	곤약을 사용한 떡볶이, 두부면 파스타, 무알콜 음료와 무설탕 식품
운동	혼자서도 그룹처럼 재미있게 운동하기	스마트워치 및 헬스케어 앱 사용
멘탈/수면	멘탈 관리를 위한 전략적인 휴식하기	불멍, 물멍, 아침, 저녁으로 명상

③

4

(1) 차트 작성 기능을 이용하여 슬라이드를 작성한다.
(2) 차트 : 종류(묶은 세로 막대형), 글꼴(돋움, 16pt), 외곽선

세부조건

※ 차트설명
· 차트제목 : 굴림, 20pt, 굵게,
  채우기(흰색), 테두리,
  그림자(오프셋 오른쪽)
· 차트영역 : 채우기(노랑)
  그림영역 : 채우기(흰색)
· 데이터 서식 : 투자금액(억
  달러) 계열을 표식이 있는
  꺾은선형으로 변경 후
  보조축으로 지정
· 값 표시 : 2023년의 딜 수(건)
  계열만

① 도형 삽입
- 스타일 :
  미세효과 – 파랑, 강조1
- 글꼴 : 굴림, 18pt

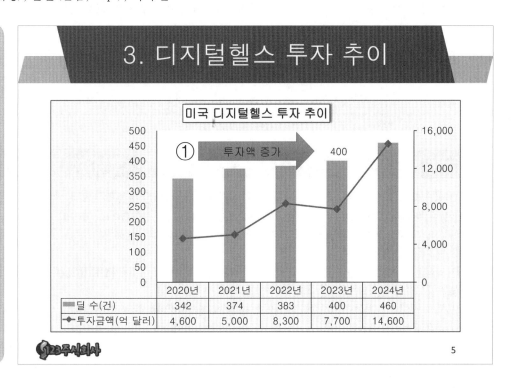

슬라이드 6　　도형 슬라이드　　　　　　　　　　　　　　　100점

(1) 슬라이드와 같이 도형 및 스마트아트를 배치한다(글꼴 : 굴림, 18pt).
(2) 애니메이션 순서 : ① ⇒ ②

세부조건

① 도형 및 스마트아트 편집
- 스마트아트 디자인 :
  3차원 만화, 3차원 경사
- 그룹화 후 애니메이션 효과 :
  닦아내기(위에서)

② 도형 편집
- 그룹화 후 애니메이션 효과 :
  회전

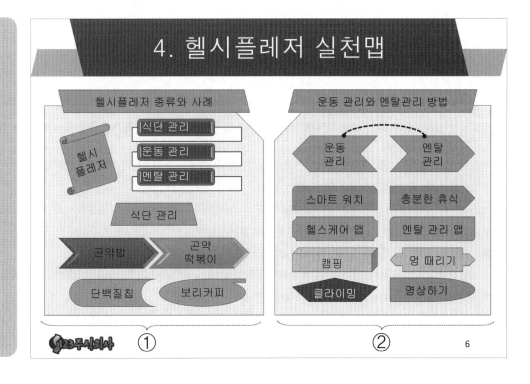

2_회 기출문제

과목	코드	문제유형	시험시간	수험번호	성 명
파워포인트	1142	A	60분	12343022	

수 험 자 유 의 사 항

- 수험자는 문제지를 받는 즉시 문제지와 **수험표상의 시험과목(프로그램)이 동일한지 반드시 확인**하여야 합니다.
- 파일명은 본인의 "수험번호-성명"으로 입력하여 답안폴더(내 PC₩문서₩ITQ)에 하나의 파일로 저장해야 하며, 답안문서 파일명이 "수험번호-성명"과 일치하지 않거나, 답안파일을 전송하지 않아 미제출로 처리될 경우 실격 처리합니다 (예 : 12345678-홍길동.pptx).
- 답안 작성을 마치면 파일을 저장하고, '답안 전송' 버튼을 선택하여 감독위원 PC로 답안을 전송하십시오. 수험생 정보와 저장한 파일명이 다를 경우 전송되지 않으므로 주의하시기 바랍니다.
- 답안 작성 중에도 **주기적으로 저장하고 '답안 전송'**하여야 문제 발생을 줄일 수 있습니다. 작업한 내용을 저장하지 않고 전송할 경우 이전에 저장된 내용이 전송되오니 이점 유의하시기 바랍니다.
- 답안문서는 지정된 경로 외의 다른 보조기억장치에 저장하는 경우, 지정된 시험 시간 외에 작성된 파일을 활용할 경우, 기타 통신 수단(이메일, 메신저, 네트워크 등)을 이용하여 타인에게 전달 또는 외부 반출하는 경우는 부정 처리합니다.
- 시험 중 부주의 또는 고의로 시스템을 파손한 경우는 수험자가 변상해야 하며, <수험자 유의사항>에 기재된 방법대로 이행하지 않아 생기는 불이익은 수험생 당사자의 책임임을 알려 드립니다.
- 문제의 조건은 MS오피스 2021 버전으로 설정되어 있으며 MS오피스 2016은【 】에 표기되어 있습니다. 이와 관련하여 작성한 답안의 출력형태가 문제지와 다를 수 있습니다.
- 시험을 완료한 수험자는 답안파일이 전송되었는지 확인한 후 감독위원의 지시에 따라 문제지를 제출하고 퇴실합니다.

답 안 작 성 요 령

- 온라인 답안 작성 절차
  수험자 등록 ⇒ 시험 시작 ⇒ 답안파일 저장 ⇒ 답안 전송 ⇒ 시험 종료
- 슬라이드 크기는 A4 Paper로 설정하여 작성합니다.
- 슬라이드의 총 개수는 6개로 구성되어 있으며 슬라이드 1부터 순서대로 작업하고 반드시 문제와 세부조건대로 합니다.
- 별도의 지시사항이 없는 경우 출력형태를 참조하여 글꼴색은 검정 또는 흰색으로 작성하고, 기타사항은 전체적인 균형을 고려하여 작성합니다.
- 슬라이드 도형 및 개체에 출력형태와 다른 스타일(그림자, 외곽선 등)을 적용했을 경우 감점처리 됩니다.
- 슬라이드 번호를 작성합니다(슬라이드 1에는 생략).
- 2~6번 슬라이드 제목 도형과 하단 로고는 슬라이드 마스터를 이용하여 출력형태와 동일하게 작성합니다(슬라이드 1에는 생략).
- 문제와 세부조건, 세부조건 번호 ◌ (점선원)는 입력하지 않습니다.
- 각 객체의 위치는 오른쪽의 슬라이드와 동일하게 구성합니다.
- 그림 삽입 문제의 경우 반드시 「내 PC₩문서₩ITQ₩Picture」 폴더에서 정확한 파일을 선택하여 삽입하십시오.
- 각 슬라이드를 각각의 파일로 작업해서 저장할 경우 실격 처리됩니다.

The Insight KPC
kpc 한국생산성본부

(1) 슬라이드 크기 및 순서 : 크기를 A4 용지로 설정하고 슬라이드 순서에 맞게 작성한다.
(2) 슬라이드 마스터 : 2~6슬라이드의 제목, 하단 로고, 슬라이드 번호는 슬라이드 마스터를 이용하여 작성한다.
   – 제목 글꼴(돋움, 40pt, 흰색), 가운데 맞춤, 도형(선 없음)
   – 하단 로고(「내 PC\문서\ITQ\Picture\로고2.jpg」, 배경(회색) 투명색으로 설정)

슬라이드 1   표지 디자인   40점

(1) 표지 디자인 : 도형, 워드아트 및 그림을 이용하여 작성한다.

세부조건

① 도형 편집
- 도형에 그림 채우기 :
「내 PC\문서\ITQ\Picture\그림1.jpg」, 투명도 50%
- 도형 효과 :
부드러운 가장자리 5포인트

② 워드아트 삽입
- 변환 : 갈매기형 수장, 아래로
- 글꼴 : 돋움, 굵게
- 텍스트 반사 : 1/2 반사, 터치

③ 그림 삽입
-「내 PC\문서\ITQ\Picture\로고2.jpg」
- 배경(회색) 투명색으로 설정

슬라이드 2   목차 슬라이드   60점

(1) 출력형태와 같이 도형을 이용하여 목차를 작성한다(글꼴 : 굴림, 24pt).
(2) 도형 : 선 없음

세부조건

① 텍스트에 하이퍼링크 적용
→ '슬라이드 6'

② 그림 삽입
-「내 PC\문서\ITQ\Picture\그림5.jpg」
- 자르기 기능 이용

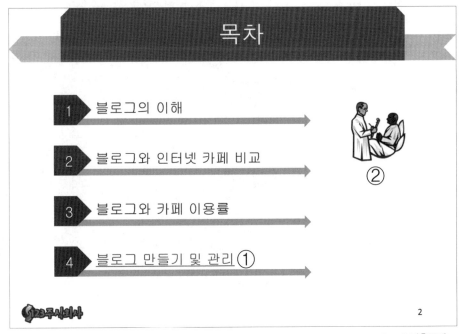

(1) 텍스트 작성 : 글머리 기호 사용(❖, ✓)
  ❖ 문단(굴림, 24pt, 굵게, 줄간격 : 1.5줄), ✓ 문단(굴림, 20pt, 줄간격 : 1.5줄)

세부조건

① 동영상 삽입 :
- 「내 PC₩문서₩ITQ₩Picture
  ₩동영상.wmv」
- 자동실행, 반복재생 설정

1. 블로그의 이해

❖ **What is a Weblog?**
  ✓ A weblog is a website that consists of a series of
    entries arranged in reverse chronological order
  ✓ The information can be written by the site owner,
    gleaned from other Web site

❖ **블로그의 의미**
  ✓ 자신의 관심사에 따라 자신의 일상이나 사회적인
    이슈까지 글과 사진, 동영상 등을 자유롭게 올릴
    수 있는 웹 사이트

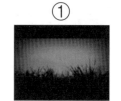
①

3

---

(1) 도형과 표 작성 기능을 이용하여 슬라이드를 작성한다(글꼴 : 돋움, 18pt).

세부조건

① 상단 도형 :
  2개 도형의 조합으로 작성

② 좌측 도형 :
  그라데이션 효과(선형 아래쪽)

③ 테이블 디자인 :
  테마 스타일 1 - 강조 6

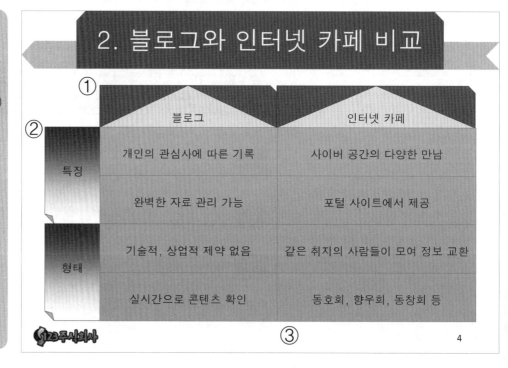

2. 블로그와 인터넷 카페 비교

	블로그	인터넷 카페
특징	개인의 관심사에 따른 기록	사이버 공간의 다양한 만남
특징	완벽한 자료 관리 가능	포털 사이트에서 제공
형태	기술적, 상업적 제약 없음	같은 취지의 사람들이 모여 정보 교환
형태	실시간으로 콘텐츠 확인	동호회, 향우회, 동창회 등

① ② ③

4

(1) 차트 작성 기능을 이용하여 슬라이드를 작성한다.
(2) 차트 : 종류(묶은 세로 막대형), 글꼴(돋움, 16pt), 외곽선

세부조건

※ 차트설명
· 차트제목 : 궁서, 24pt, 굵게,
　채우기(흰색), 테두리,
　그림자(오프셋 오른쪽)
· 차트영역 : 채우기(노랑)
　그림영역 : 채우기(흰색)
· 데이터 서식 : 사용시간
　분포(%) 계열을 표식이 있는
　꺾은선형으로 변경 후
　보조축으로 지정
· 값 표시 : 30대의 평균
　사용시간 계열만

① 도형 삽입
− 스타일 :
　미세효과 − 파랑, 강조1
− 글꼴 : 굴림, 18pt

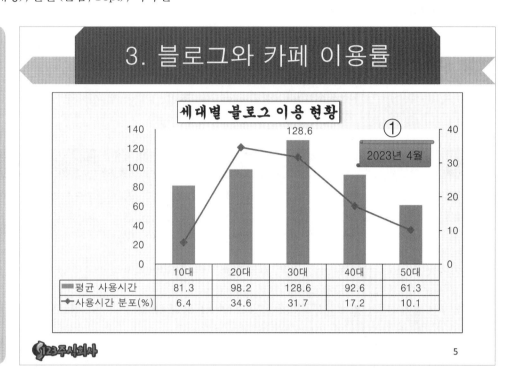

(1) 슬라이드와 같이 도형 및 스마트아트를 배치한다(글꼴 : 굴림, 18pt).
(2) 애니메이션 순서 : ① ⇒ ②

세부조건

① 도형 및 스마트아트 편집
− 스마트아트 디자인 :
　3차원 경사, 3차원 만화
− 그룹화 후 애니메이션 효과 :
　닦아내기(위에서)

② 도형 편집
− 그룹화 후 애니메이션 효과 :
　바운드

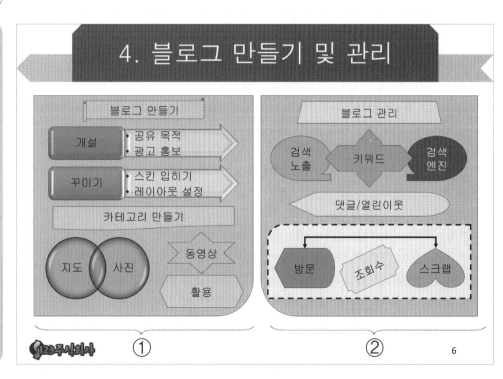

과목	코드	문제유형	시험시간	수험번호	성 명
파워포인트	1142	A	60분	12343023	

수 험 자 유 의 사 항

- 수험자는 문제지를 받는 즉시 문제지와 **수험표상의 시험과목(프로그램)이 동일한지 반드시 확인**하여야 합니다.
- 파일명은 본인의 "수험번호–성명"으로 입력하여 답안폴더(내 PC₩문서₩ITQ)에 하나의 파일로 저장해야 하며, 답안문서 파일명이 "수험번호–성명"과 일치하지 않거나, 답안파일을 전송하지 않아 미제출로 처리될 경우 실격 처리합니다 (예 : 12345678–홍길동.pptx).
- 답안 작성을 마치면 파일을 저장하고, '답안 전송' 버튼을 선택하여 감독위원 PC로 답안을 전송하십시오. 수험생 정보와 저장한 파일명이 다를 경우 전송되지 않으므로 주의하시기 바랍니다.
- 답안 작성 중에도 **주기적으로 저장하고 '답안 전송'**하여야 문제 발생을 줄일 수 있습니다. 작업한 내용을 저장하지 않고 전송할 경우 이전에 저장된 내용이 전송되오니 이점 유의하시기 바랍니다.
- 답안문서는 지정된 경로 외의 다른 보조기억장치에 저장하는 경우, 지정된 시험 시간 외에 작성된 파일을 활용할 경우, 기타 통신 수단(이메일, 메신저, 네트워크 등)을 이용하여 타인에게 전달 또는 외부 반출하는 경우는 부정 처리합니다.
- 시험 중 부주의 또는 고의로 시스템을 파손한 경우는 수험자가 변상해야 하며, 〈수험자 유의사항〉에 기재된 방법대로 이행하지 않아 생기는 불이익은 수험생 당사자의 책임임을 알려 드립니다.
- 문제의 조건은 MS오피스 2021 버전으로 설정되어 있으며 MS오피스 2016은【 】에 표기되어 있습니다. 이와 관련하여 작성한 답안의 출력형태가 문제지와 다를 수 있습니다.
- 시험을 완료한 수험자는 답안파일이 전송되었는지 확인한 후 감독위원의 지시에 따라 문제지를 제출하고 퇴실합니다.

답 안 작 성 요 령

- 온라인 답안 작성 절차
  수험자 등록 ⇒ 시험 시작 ⇒ 답안파일 저장 ⇒ 답안 전송 ⇒ 시험 종료
- 슬라이드 크기는 A4 Paper로 설정하여 작성합니다.
- 슬라이드의 총 개수는 6개로 구성되어 있으며 슬라이드 1부터 순서대로 작업하고 반드시 문제와 세부조건대로 합니다.
- 별도의 지시사항이 없는 경우 출력형태를 참조하여 글꼴색은 검정 또는 흰색으로 작성하고, 기타사항은 전체적인 균형을 고려하여 작성합니다.
- 슬라이드 도형 및 개체에 출력형태와 다른 스타일(그림자, 외곽선 등)을 적용했을 경우 감점처리 됩니다.
- 슬라이드 번호를 작성합니다(슬라이드 1에는 생략).
- 2~6번 슬라이드 제목 도형과 하단 로고는 슬라이드 마스터를 이용하여 출력형태와 동일하게 작성합니다(슬라이드 1에는 생략).
- 문제와 세부조건, 세부조건 번호 ⚪ (점선원)는 입력하지 않습니다.
- 각 객체의 위치는 오른쪽의 슬라이드와 동일하게 구성합니다.
- 그림 삽입 문제의 경우 반드시 「내 PC₩문서₩ITQ₩Picture」 폴더에서 정확한 파일을 선택하여 삽입하십시오.
- 각 슬라이드를 각각의 파일로 작업해서 저장할 경우 실격 처리됩니다.

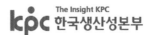

The Insight KPC
kpc 한국생산성본부

(1) 슬라이드 크기 및 순서 : 크기를 A4 용지로 설정하고 슬라이드 순서에 맞게 작성한다.
(2) 슬라이드 마스터 : 2~6슬라이드의 제목, 하단 로고, 슬라이드 번호는 슬라이드 마스터를 이용하여 작성한다.
　　　－ 제목 글꼴(돋움, 40pt, 흰색), 가운데 맞춤, 도형(선 없음)
　　　－ 하단 로고(「내 PC₩문서₩ITQ₩Picture₩로고1.jpg」, 배경(회색) 투명색으로 설정)

슬라이드 1　　　　**표지 디자인**　　　　　　　　　　　　　　40점

(1) 표지 디자인 : 도형, 워드아트 및 그림을 이용하여 작성한다.

세부조건

① 도형 편집
－ 도형에 그림 채우기 :
　「내 PC₩문서₩ITQ₩Picture
　₩그림1.jpg」, 투명도 50%
－ 도형 효과 :
　부드러운 가장자리 5pt

② 워드아트 삽입
－ 변환 : 갈매기형 수장, 위로
－ 글꼴 : 굴림, 굵게
－ 텍스트 반사 : 근접 반사, 터치

③ 그림 삽입
－ 「내 PC₩문서₩ITQ₩Picture
　₩로고1.jpg」
－ 배경(회색) 투명색으로 설정

슬라이드 2　　　　**목차 슬라이드**　　　　　　　　　　　　60점

(1) 출력형태와 같이 도형을 이용하여 목차를 작성한다(글꼴 : 돋움, 24pt).
(2) 도형 : 선 없음

세부조건

① 텍스트에 하이퍼링크 적용
　→ '슬라이드4'

② 그림 삽입
－ 「내 PC₩문서₩ITQ₩Picture
　₩그림5.jpg」
－ 자르기 기능 이용

(1) 텍스트 작성 : 글머리 기호 사용(➤, ✔)
　➤문단(굴림, 24pt, 굵게, 줄간격 : 1.5줄), ✔문단(굴림, 20pt, 줄간격 : 1.5줄)

세부조건

① 동영상 삽입 :
- 「내 PC₩문서₩ITQ₩Picture
　₩동영상. wmv」
- 자동실행, 반복재생 설정

1. 건강 관리

➤ **Health care**

　✔ In general, health care refers to physical health

　✔ Regular health care satisfies one's desire for
　　 health and makes one mentally happy

①

➤ **건강 관리**

　✔ 일반적으로 신체적 건강을 가리키는 경우가 많으며 규칙적인 건강
　　 관리는 자신의 건강을 향한 욕구를 충족시키는 동시에
　　 정신적으로도 행복하게 함

ABC중식회사

3

---

(1) 도형과 표 작성 기능을 이용하여 슬라이드를 작성한다(글꼴 : 굴림, 18pt).

세부조건

① 상단 도형 :
　2개 도형의 조합으로 작성

② 좌측 도형 :
　그라데이션 효과(선형 아래쪽)

③ 테이블 디자인 :
　테마 스타일 1 - 강조 5

2. 균형있는 식생활

①

②

	밥류	면류	빵류
구분	진지한 식사 쌀, 현미, 잡곡	다양한 형태 국수, 라면, 스파게티	간편한 식사 식빵, 도넛, 바게트
선호	건강에 좋기 때문에, 소화가 잘 되어서	빠른 시간 먹기 편해서, 식감이 좋아서	휴대가 편리해서, 음료와 어울려서
비선호	식단 준비의 번거로움	밥이 곧 식사라는 이미지	선택적 간식거리로 인식

③

ABC중식회사

4

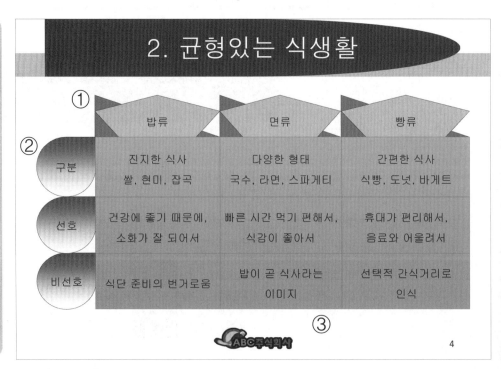

(1) 차트 작성 기능을 이용하여 슬라이드를 작성한다.
(2) 차트 : 종류(묶은 세로 막대형), 글꼴(돋움, 16pt), 외곽선

세부조건

※ 차트설명
· 차트제목 : 궁서, 24pt, 굵게,
　채우 기(흰색), 테두리,
　그림자(오프셋 오른쪽)
· 차트영역 : 채우기(노랑)
　그림영역 : 채우기(흰색)
· 데이터 서식 : 음주율 계열을
　표식이 있는 꺾은선형으로
　변경 후 보조축으로 지정
· 값 표시 : 20대의 음주율
　계열만

① 도형 삽입
– 스타일 :
　미세효과 – 파랑, 강조1
– 글꼴 : 굴림, 18pt

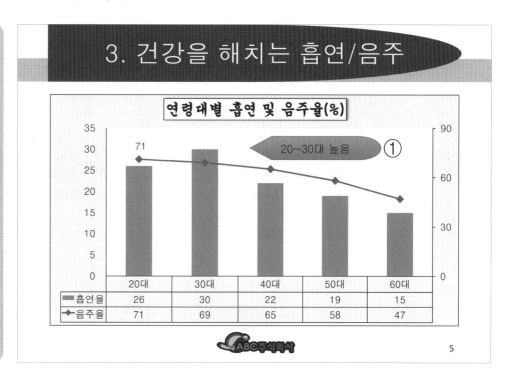

(1) 슬라이드와 같이 도형 및 스마트아트를 배치한다(글꼴 : 돋움, 18pt).
(2) 애니메이션 순서 : ① ⇒ ②

세부조건

① 도형 및 스마트아트 편집
– 스마트아트 디자인 :
　3차원 만화, 강한 효과
– 그룹화 후 애니메이션 효과 :
　닦아내기(위에서)

② 도형 편집
– 그룹화 후 애니메이션 효과 :
　회전

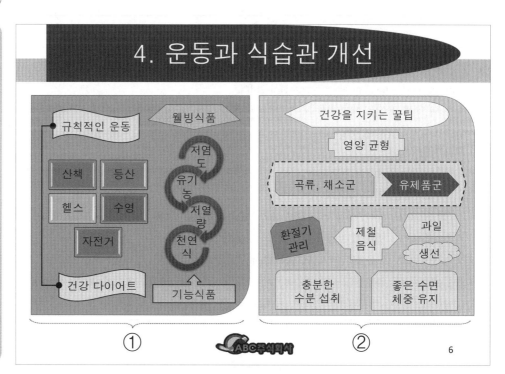

기출문제

Information Technology Qualification

과목	코드	문제유형	시험시간	수험번호	성 명
파워포인트	1142	A	60분	12343024	

수 험 자 유 의 사 항

- 수험자는 문제지를 받는 즉시 문제지와 **수험표상의 시험과목(프로그램)이 동일한지 반드시 확인**하여야 합니다.
- 파일명은 본인의 "수험번호-성명"으로 입력하여 답안폴더(내 PC₩문서₩ITQ)에 하나의 파일로 저장해야 하며, 답안문서 파일명이 "수험번호-성명"과 일치하지 않거나, 답안파일을 전송하지 않아 미제출로 처리될 경우 실격 처리합니다 (예 : 12345678-홍길동.pptx).
- 답안 작성을 마치면 파일을 저장하고, '답안 전송' 버튼을 선택하여 감독위원 PC로 답안을 전송하십시오. 수험생 정보와 저장한 파일명이 다를 경우 전송되지 않으므로 주의하시기 바랍니다.
- 답안 작성 중에도 **주기적으로 저장하고 '답안 전송'**하여야 문제 발생을 줄일 수 있습니다. 작업한 내용을 저장하지 않고 전송할 경우 이전에 저장된 내용이 전송되오니 이점 유의하시기 바랍니다.
- 답안문서는 지정된 경로 외의 다른 보조기억장치에 저장하는 경우, 지정된 시험 시간 외에 작성된 파일을 활용할 경우, 기타 통신 수단(이메일, 메신저, 네트워크 등)을 이용하여 타인에게 전달 또는 외부 반출하는 경우는 부정 처리합니다.
- 시험 중 부주의 또는 고의로 시스템을 파손한 경우는 수험자가 변상해야 하며, <수험자 유의사항>에 기재된 방법대로 이행하지 않아 생기는 불이익은 수험생 당사자의 책임임을 알려 드립니다.
- 문제의 조건은 MS오피스 2021 버전으로 설정되어 있으며 MS오피스 2016은【 】에 표기되어 있습니다. 이와 관련하여 작성한 답안의 출력형태가 문제지와 다를 수 있습니다.
- 시험을 완료한 수험자는 답안파일이 전송되었는지 확인한 후 감독위원의 지시에 따라 문제지를 제출하고 퇴실합니다.

답 안 작 성 요 령

- 온라인 답안 작성 절차
  수험자 등록 ⇒ 시험 시작 ⇒ 답안파일 저장 ⇒ 답안 전송 ⇒ 시험 종료
- 슬라이드 크기는 A4 Paper로 설정하여 작성합니다.
- 슬라이드의 총 개수는 6개로 구성되어 있으며 슬라이드 1부터 순서대로 작업하고 반드시 문제와 세부조건대로 합니다.
- 별도의 지시사항이 없는 경우 출력형태를 참조하여 글꼴색은 검정 또는 흰색으로 작성하고, 기타사항은 전체적인 균형을 고려하여 작성합니다.
- 슬라이드 도형 및 개체에 출력형태와 다른 스타일(그림자, 외곽선 등)을 적용했을 경우 감점처리 됩니다.
- 슬라이드 번호를 작성합니다(슬라이드 1에는 생략).
- 2~6번 슬라이드 제목 도형과 하단 로고는 슬라이드 마스터를 이용하여 출력형태와 동일하게 작성합니다(슬라이드 1에는 생략).
- 문제와 세부조건, 세부조건 번호 ○ (점선원)는 입력하지 않습니다.
- 각 객체의 위치는 오른쪽의 슬라이드와 동일하게 구성합니다.
- 그림 삽입 문제의 경우 반드시 「내 PC₩문서₩ITQ₩Picture」 폴더에서 정확한 파일을 선택하여 삽입하십시오.
- 각 슬라이드를 각각의 파일로 작업해서 저장할 경우 실격 처리됩니다.

(1) 슬라이드 크기 및 순서 : 크기를 A4 용지로 설정하고 슬라이드 순서에 맞게 작성한다.
(2) 슬라이드 마스터 : 2~6슬라이드의 제목, 하단 로고, 슬라이드 번호는 슬라이드 마스터를 이용하여 작성한다.
　　 – 제목 글꼴(굴림, 40pt, 흰색), 가운데 맞춤, 도형(선 없음)
　　 – 하단 로고(「내 PC₩문서₩ITQ₩Picture₩로고2.jpg」, 배경(회색) 투명색으로 설정)

슬라이드 1　　표지 디자인　　40점

(1) 표지 디자인 : 도형, 워드아트 및 그림을 이용하여 작성한다.

세부조건

① 도형 편집
– 도형에 그림 채우기 :
「내 PC₩문서₩ITQ₩Picture
₩그림1.jpg」, 투명도 50%
– 도형 효과 :
부드러운 가장자리 5포인트

② 워드아트 삽입
– 변환 : 삼각형, 위로
– 글꼴 : 돋움, 굵게
– 텍스트 반사 : 근접 반사,
4pt 오프셋

③ 그림 삽입
– 「내 PC₩문서₩ITQ₩Picture
₩로고2.jpg」
– 배경(회색) 투명색으로 설정

슬라이드 2　　목차 슬라이드　　60점

(1) 출력형태와 같이 도형을 이용하여 목차를 작성한다(글꼴 : 돋움, 24pt).
(2) 도형 : 선 없음

세부조건

① 텍스트에 하이퍼링크 적용
→ '슬라이드 3'

② 그림 삽입
– 「내 PC₩문서₩ITQ₩Picture
₩그림5.jpg」
– 자르기 기능 이용

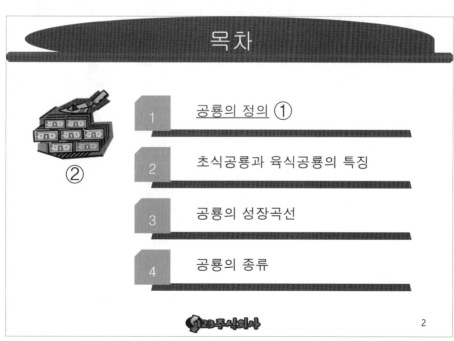

(1) 텍스트 작성 : 글머리 기호 사용(❖, ✔)
　　❖ 문단(굴림, 24pt, 굵게, 줄간격 : 1.5줄), ✔ 문단(굴림, 20pt, 줄간격 : 1.5줄)

세부조건

① 동영상 삽입 :
- 「내 PC₩문서₩ITQ₩Picture ₩동영상.wmv」
- 자동실행, 반복재생 설정

1. 공룡의 정의

❖ **Characteristics of dinosaurs**

　✔ Dinosaurs strong yet light-weight bones and long tails that helped their balance allowed these huge creatures to move around gracefully in upright postures

❖ **공룡의 정의**

　✔ 중생대에 번성했던 육상 파충류의 한 집단으로 육지와 바다(어룡), 하늘(익룡)까지 진화를 거듭하면서 번성

　✔ 모든 대륙의 다양한 환경에서 화석으로 발견

123주식회사

3

---

(1) 도형과 표 작성 기능을 이용하여 슬라이드를 작성한다(글꼴 : 돋움, 18pt).

세부조건

① 상단 도형 :
2개 도형의 조합으로 작성

② 좌측 도형 :
그라데이션 효과(선형 아래쪽)

③ 테이블 디자인 :
테마 스타일 1 - 강조 6

2. 초식공룡과 육식공룡의 특징

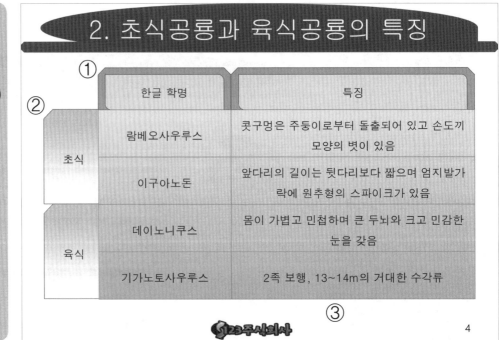

	한글 학명	특징
초식	람베오사우루스	콧구멍은 주둥이로부터 돌출되어 있고 손도끼 모양의 볏이 있음
	이구아노돈	앞다리의 길이는 뒷다리보다 짧으며 엄지발가락에 원추형의 스파이크가 있음
육식	데이노니쿠스	몸이 가볍고 민첩하며 큰 두뇌와 크고 민감한 눈을 갖음
	기가노토사우루스	2족 보행, 13~14m의 거대한 수각류

123주식회사

4

(1) 차트 작성 기능을 이용하여 슬라이드를 작성한다.
(2) 차트 : 종류(묶은 세로 막대형), 글꼴(돋움, 16pt), 외곽선

세부조건

※ 차트설명
· 차트제목 : 굴림, 24pt, 굵게,
  채우기(흰색), 테두리,
  그림자(오프셋 아래쪽)
· 차트영역 : 채우기(노랑)
  그림영역 : 채우기(흰색)
· 데이터 서식 :
  다스플레토사우루스 계열을
  표식이 있는 꺾은선형으로
  변경 후 보조축으로 지정
· 값 표시 :
  25세의 다스플레토사우루스
  계열만

① 도형 삽입
- 스타일 :
  미세효과 - 파랑, 강조1
- 글꼴 : 굴림, 18pt

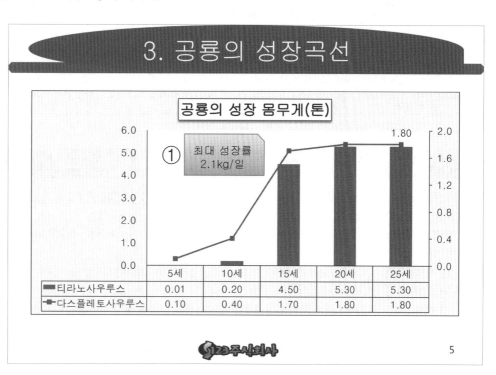

(1) 슬라이드와 같이 도형 및 스마트아트를 배치한다(글꼴 : 굴림, 18pt).
(2) 애니메이션 순서 : ① ⇒ ②

세부조건

① 도형 및 스마트아트 편집
- 스마트아트 디자인 :
  3차원 경사, 3차원 만화
- 그룹화 후 애니메이션 효과 :
  시계 방향 회전(살 1개)

② 도형 편집
- 그룹화 후 애니메이션 효과 :
  실선무늬(세로)

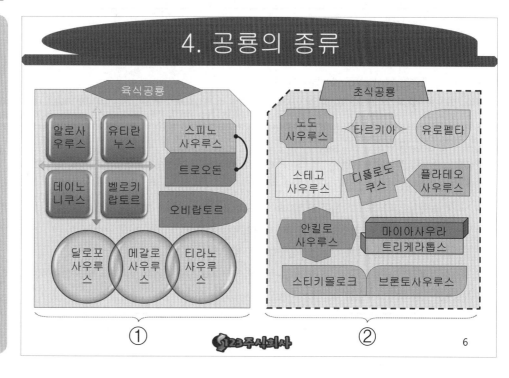

기출문제

5회

Information Technology Qualification

과목	코드	문제유형	시험시간	수험번호	성 명
파워포인트	1142	A	60분	12343025	

수 험 자 유 의 사 항

- 수험자는 문제지를 받는 즉시 문제지와 **수험표상의 시험과목(프로그램)이 동일한지 반드시 확인**하여야 합니다.
- 파일명은 본인의 "수험번호-성명"으로 입력하여 답안폴더(내 PC₩문서₩ITQ)에 하나의 파일로 저장해야 하며, 답안문서 파일명이 "수험번호-성명"과 일치하지 않거나, 답안파일을 전송하지 않아 미제출로 처리될 경우 실격 처리합니다 (예 : 12345678-홍길동.pptx).
- 답안 작성을 마치면 파일을 저장하고, '답안 전송' 버튼을 선택하여 감독위원 PC로 답안을 전송하십시오. 수험생 정보와 저장한 파일명이 다를 경우 전송되지 않으므로 주의하시기 바랍니다.
- 답안 작성 중에도 **주기적으로 저장하고 '답안 전송'**하여야 문제 발생을 줄일 수 있습니다. 작업한 내용을 저장하지 않고 전송할 경우 이전에 저장된 내용이 전송되오니 이점 유의하시기 바랍니다.
- 답안문서는 지정된 경로 외의 다른 보조기억장치에 저장하는 경우, 지정된 시험 시간 외에 작성된 파일을 활용할 경우, 기타 통신 수단(이메일, 메신저, 네트워크 등)을 이용하여 타인에게 전달 또는 외부 반출하는 경우는 부정 처리합니다.
- 시험 중 부주의 또는 고의로 시스템을 파손한 경우는 수험자가 변상해야 하며, <수험자 유의사항>에 기재된 방법대로 이행하지 않아 생기는 불이익은 수험생 당사자의 책임임을 알려 드립니다.
- 문제의 조건은 MS오피스 2021 버전으로 설정되어 있으며 MS오피스 2016은【 】에 표기되어 있습니다. 이와 관련하여 작성한 답안의 출력형태가 문제지와 다를 수 있습니다.
- 시험을 완료한 수험자는 답안파일이 전송되었는지 확인한 후 감독위원의 지시에 따라 문제지를 제출하고 퇴실합니다.

답 안 작 성 요 령

- 온라인 답안 작성 절차
  수험자 등록 ⇒ 시험 시작 ⇒ 답안파일 저장 ⇒ 답안 전송 ⇒ 시험 종료
- 슬라이드 크기는 A4 Paper로 설정하여 작성합니다.
- 슬라이드의 총 개수는 6개로 구성되어 있으며 슬라이드 1부터 순서대로 작업하고 반드시 문제와 세부조건대로 합니다.
- 별도의 지시사항이 없는 경우 출력형태를 참조하여 글꼴색은 검정 또는 흰색으로 작성하고, 기타사항은 전체적인 균형을 고려하여 작성합니다.
- 슬라이드 도형 및 개체에 출력형태와 다른 스타일(그림자, 외곽선 등)을 적용했을 경우 감점처리 됩니다.
- 슬라이드 번호를 작성합니다(슬라이드 1에는 생략).
- 2~6번 슬라이드 제목 도형과 하단 로고는 슬라이드 마스터를 이용하여 출력형태와 동일하게 작성합니다(슬라이드 1에는 생략).
- 문제와 세부조건, 세부조건 번호 ○ (점선원)는 입력하지 않습니다.
- 각 객체의 위치는 오른쪽의 슬라이드와 동일하게 구성합니다.
- 그림 삽입 문제의 경우 반드시 「내 PC₩문서₩ITQ₩Picture」 폴더에서 정확한 파일을 선택하여 삽입하십시오.
- 각 슬라이드를 각각의 파일로 작업해서 저장할 경우 실격 처리됩니다.

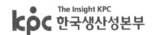

(1) 슬라이드 크기 및 순서 : 크기를 A4 용지로 설정하고 슬라이드 순서에 맞게 작성한다.
(2) 슬라이드 마스터 : 2~6슬라이드의 제목, 하단 로고, 슬라이드 번호는 슬라이드 마스터를 이용하여 작성한다.
     – 제목 글꼴(굴림, 40pt, 흰색), 가운데 맞춤, 도형(선 없음)
     – 하단 로고(「내 PC₩문서₩ITQ₩Picture₩로고2.jpg」, 배경(회색) 투명색으로 설정)

슬라이드 1   **표지 디자인**   40점

(1) 표지 디자인 : 도형, 워드아트 및 그림을 이용하여 작성한다.

세부조건

① 도형 편집
 – 도형에 그림 채우기 :
 「내 PC₩문서₩ITQ₩Picture
 ₩그림3.jpg」, 투명도 50%
 – 도형 효과 :
 부드러운 가장자리 5포인트

② 워드아트 삽입
 – 변환 : 기울기, 위로
 – 글꼴 : 돋움, 굵게
 – 텍스트 반사 :
 근접 반사, 4pt 오프셋

③ 그림 삽입
 – 「내 PC₩문서₩ITQ₩Picture
 ₩로고2.jpg」
 – 배경(회색) 투명색으로 설정

슬라이드 2   **목차 슬라이드**   60점

(1) 출력형태와 같이 도형을 이용하여 목차를 작성한다(글꼴 : 돋움, 24pt).
(2) 도형 : 선 없음

세부조건

① 텍스트에 하이퍼링크 적용
→ '슬라이드 6'

② 그림 삽입
 – 「내 PC₩문서₩ITQ₩Picture
 ₩그림5.jpg」
 – 자르기 기능 이용

(1) 텍스트 작성 : 글머리 기호 사용(❖, ■)
　　❖ 문단(굴림, 24pt, 굵게, 줄간격 : 1.5줄), ■ 문단(굴림, 20pt, 줄간격 : 1.5줄)

세부조건

① 동영상 삽입 :
– 「내 PC₩문서₩ITQ₩Picture ₩동영상. wmv」
– 자동실행, 반복재생 설정

1. 슬리포노믹스

❖ **Sleeponomics**

　■ Sleeponomics is a compound word that combines 'sleep' and 'economy' and is a related industry that grows as it pays a lot of money for a good night's sleep

❖ **슬리포노믹스**

　■ 수면과 경제를 합친 합성어로 숙면을 위해 많은 돈을 지불함에 따라 성장하는 관련 산업

　■ 수면상태를 분석하는 슬립테크와 함께 성장

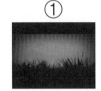

3

---

(1) 도형과 표 작성 기능을 이용하여 슬라이드를 작성한다(글꼴 : 돋움, 18pt).

세부조건

① 상단 도형 :
　2개 도형의 조합으로 작성

② 좌측 도형 :
　그라데이션 효과(선형 아래쪽)

③ 테이블 디자인 :
　테마 스타일 1 – 강조 5

2. 불면증 유형과 숙면 유도 제품

	수면 장애 증상	숙면 유도 제품	슬립테크
입면 장애	잠드는 데 30분 이상 걸리는 증상	숙면 유도 기능 침구류 기능성 매트리스 베개	숙면기능 IT제품 멘탈 케어 시스템 수면 유도 IT제품
숙면유지 장애	자는 동안 자주 깨서 숙면을 취하지 못하는 증상	이불 숙면 유도 생활용품 수면 안대	컬러테라피 감성 조명 수면클리닉
조기각성 장애	너무 이른 시간에 깨서 다시 잠들지 못하는 증상	수면 양말 숙면 유도 차 숙면 화장품	수면 전문 클리닉 양압기 수면 개선 전문 용품

4

(1) 차트 작성 기능을 이용하여 슬라이드를 작성한다.
(2) 차트 : 종류(묶은 세로 막대형), 글꼴(돋움, 16pt), 외곽선

세부조건

※ 차트설명
· 차트제목 : 궁서, 24pt, 굵게, 채우기(흰색), 테두리, 그림자(오프셋 오른쪽)
· 차트영역 : 채우기(노랑) 그림영역 : 채우기(흰색)
· 데이터 서식 : 1인당 진료비 계열을 표식이 있는 꺾은선형으로 변경 후 보조축으로 지정
· 값 표시 : 2020년의 1인당 진료비 계열만

① 도형 삽입
– 스타일 : 미세효과 – 파랑, 강조1
– 글꼴 : 굴림, 18pt

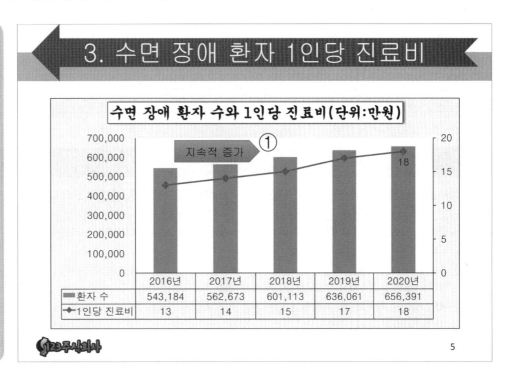

3. 수면 장애 환자 1인당 진료비

수면 장애 환자 수와 1인당 진료비(단위:만원)

	2016년	2017년	2018년	2019년	2020년
환자 수	543,184	562,673	601,113	636,061	656,391
1인당 진료비	13	14	15	17	18

5

---

(1) 슬라이드와 같이 도형 및 스마트아트를 배치한다(글꼴 : 굴림, 18pt).
(2) 애니메이션 순서 : ① ⇒ ②

세부조건

① 도형 및 스마트아트 편집
– 스마트아트 디자인 : 3차원 경사, 3차원 벽돌
– 그룹화 후 애니메이션 효과 : 닦아내기(위에서)

② 도형 편집
– 그룹화 후 애니메이션 효과 : 바운드

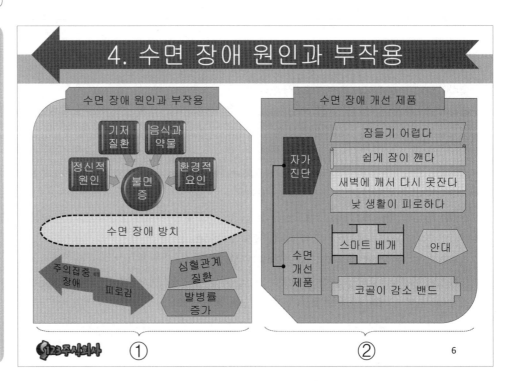

4. 수면 장애 원인과 부작용

6

6회 기출문제

과목	코드	문제유형	시험시간	수험번호	성 명
파워포인트	1142	A	60분	12343026	

수 험 자 유 의 사 항

- 수험자는 문제지를 받는 즉시 문제지와 **수험표상의 시험과목(프로그램)이 동일한지 반드시 확인**하여야 합니다.
- 파일명은 본인의 "수험번호-성명"으로 입력하여 답안폴더(내 PC₩문서₩ITQ)에 하나의 파일로 저장해야 하며, 답안문서 파일명이 "수험번호-성명"과 일치하지 않거나, 답안파일을 전송하지 않아 미제출로 처리될 경우 실격 처리합니다 (예 : 12345678-홍길동.pptx).
- 답안 작성을 마치면 파일을 저장하고, '답안 전송' 버튼을 선택하여 감독위원 PC로 답안을 전송하십시오. 수험생 정보와 저장한 파일명이 다를 경우 전송되지 않으므로 주의하시기 바랍니다.
- 답안 작성 중에도 **주기적으로 저장하고 '답안 전송'**하여야 문제 발생을 줄일 수 있습니다. 작업한 내용을 저장하지 않고 전송할 경우 이전에 저장된 내용이 전송되오니 이점 유의하시기 바랍니다.
- 답안문서는 지정된 경로 외의 다른 보조기억장치에 저장하는 경우, 지정된 시험 시간 외에 작성된 파일을 활용할 경우, 기타 통신 수단(이메일, 메신저, 네트워크 등)을 이용하여 타인에게 전달 또는 외부 반출하는 경우는 부정 처리합니다.
- 시험 중 부주의 또는 고의로 시스템을 파손한 경우는 수험자가 변상해야 하며, <수험자 유의사항>에 기재된 방법대로 이행하지 않아 생기는 불이익은 수험생 당사자의 책임임을 알려 드립니다.
- 문제의 조건은 MS오피스 2021 버전으로 설정되어 있으며 MS오피스 2016은【 】에 표기되어 있습니다. 이와 관련하여 작성한 답안의 출력형태가 문제지와 다를 수 있습니다.
- 시험을 완료한 수험자는 답안파일이 전송되었는지 확인한 후 감독위원의 지시에 따라 문제지를 제출하고 퇴실합니다.

답 안 작 성 요 령

- 온라인 답안 작성 절차
  수험자 등록 ⇒ 시험 시작 ⇒ 답안파일 저장 ⇒ 답안 전송 ⇒ 시험 종료
- 슬라이드 크기는 A4 Paper로 설정하여 작성합니다.
- 슬라이드의 총 개수는 6개로 구성되어 있으며 슬라이드 1부터 순서대로 작업하고 반드시 문제와 세부조건대로 합니다.
- 별도의 지시사항이 없는 경우 출력형태를 참조하여 글꼴색은 검정 또는 흰색으로 작성하고, 기타사항은 전체적인 균형을 고려하여 작성합니다.
- 슬라이드 도형 및 개체에 출력형태와 다른 스타일(그림자, 외곽선 등)을 적용했을 경우 감점처리 됩니다.
- 슬라이드 번호를 작성합니다(슬라이드 1에는 생략).
- 2~6번 슬라이드 제목 도형과 하단 로고는 슬라이드 마스터를 이용하여 출력형태와 동일하게 작성합니다(슬라이드 1에는 생략).
- 문제와 세부조건, 세부조건 번호 ◌ (점선원)는 입력하지 않습니다.
- 각 객체의 위치는 오른쪽의 슬라이드와 동일하게 구성합니다.
- 그림 삽입 문제의 경우 반드시 「내 PC₩문서₩ITQ₩Picture」 폴더에서 정확한 파일을 선택하여 삽입하십시오.
- 각 슬라이드를 각각의 파일로 작업해서 저장할 경우 실격 처리됩니다.

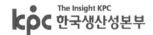

The Insight KPC
kpc 한국생산성본부

(1) 슬라이드 크기 및 순서 : 크기를 A4 용지로 설정하고 슬라이드 순서에 맞게 작성한다.
(2) 슬라이드 마스터 : 2~6슬라이드의 제목, 하단 로고, 슬라이드 번호는 슬라이드 마스터를 이용하여 작성한다.
  - 제목 글꼴(돋움, 40pt, 흰색), 가운데 맞춤, 도형(선 없음)
  - 하단 로고(「내 PC₩문서₩ITQ₩Picture₩로고1.jpg」, 배경(회색) 투명색으로 설정)

슬라이드 1 표지 디자인 40점

(1) 표지 디자인 : 도형, 워드아트 및 그림을 이용하여 작성한다.

세부조건

① 도형 편집
- 도형에 그림 채우기 :
 「내 PC₩문서₩ITQ₩Picture
 ₩그림1.jpg」, 투명도 50%
- 도형 효과 :
 부드러운 가장자리 5포인트

② 워드아트 삽입
- 변환 : 삼각형, 아래로
- 글꼴 : 돋움, 굵게
- 텍스트 반사 : 근접 반사,
 4pt 오프셋

③ 그림 삽입
- 「내 PC₩문서₩ITQ₩Picture
 ₩로고1.jpg」
- 배경(회색) 투명색으로 설정

슬라이드 2 목차 슬라이드 60점

(1) 출력형태와 같이 도형을 이용하여 목차를 작성한다(글꼴 : 굴림, 24pt).
(2) 도형 : 선 없음

세부조건

① 텍스트에 하이퍼링크 적용
 → '슬라이드 5'

② 그림 삽입
- 「내 PC₩문서₩ITQ₩Picture
 ₩그림5.jpg」
- 자르기 기능 이용

목차

1 환경 보전

2 환경교육 인증프로그램

3 신재생에너지 보급 통계 ① ②

4 환경통계연감

(1) 텍스트 작성 : 글머리 기호 사용(➤, ✔)
➤문단(굴림, 24pt, 굵게, 줄간격 : 1.5줄), ✔ 문단(굴림, 20pt, 줄간격 : 1.5줄)

세부조건

① 동영상 삽입 :
- 「내 PC₩문서₩ITQ₩Picture ₩동영상.wmv」
- 자동실행, 반복재생 설정

1. 환경 보전

➤ **Global Efforts**

✔ UNEP 8th special session of the governing council in korea/global ministerial meeting

✔ Environmental cooperation in northeast asia

✔ Tripartite Environment Ministers' Meeting (TEMM)

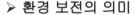

➤ **환경 보전의 의미**

✔ 인간이 안전하고 건강하며 미적, 문화적으로 쾌적한 생활을 영위할 수 있도록 환경 조건을 좋은 상태로 지키고 유지하며 대기, 수질 등의 환경을 오염으로부터 보호하는 것

ABC주식회사

3

---

(1) 도형과 표 작성 기능을 이용하여 슬라이드를 작성한다(글꼴 : 돋움, 18pt).

세부조건

① 상단 도형 :
2개 도형의 조합으로 작성

② 좌측 도형 :
그라데이션 효과(선형 아래쪽)

③ 테이블 디자인 :
테마 스타일 1 – 강조 6

2. 환경교육 인증프로그램

	프로그램명	목적 및 내용
유아	해양환경체험 교육	해양환경 문제와 실태를 인식하고 체험을 통해 깨끗한 해양환경 구현
	나무 의사 되기	나무 해부학, 심장소리 듣기, 가지치기 및 영양주사 주기, 나뭇잎 손수건 만들기
초등학생	무안갯벌 생태학교	자연 친화적인 생태적 감수성 충전
	기후, 환경 진로체험교실	기후변화에 대한 심각성 이해와 기후변화 대응 인식 및 기후, 환경분야 직업 이해

ABC주식회사

4

(1) 차트 작성 기능을 이용하여 슬라이드를 작성한다.
(2) 차트 : 종류(묶은 세로 막대형), 글꼴(돋움, 16pt), 외곽선

세부조건

※ 차트설명
· 차트제목 : 궁서, 24pt, 굵게,
  채우기(흰색), 테두리,
  그림자(오프셋 오른쪽)
· 차트영역 : 채우기(노랑)
  그림영역 : 채우기(흰색)
· 데이터 서식 : 발전량(GWh)
  계열을 표식이 있는
  꺾은선형으로 변경 후
  보조축으로 지정
· 값 표시 : IGCC의 발전량(GWh)
  계열만

① 도형 삽입
– 스타일 :
  미세효과 – 파랑, 강조1
– 글꼴 : 굴림, 18pt

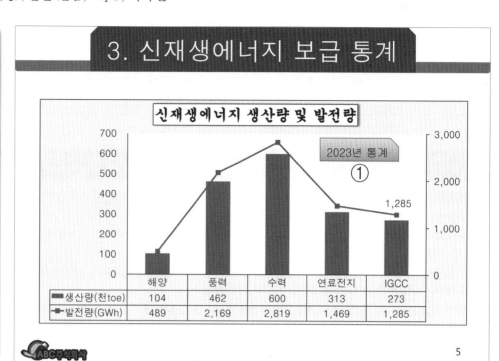

(1) 슬라이드와 같이 도형 및 스마트아트를 배치한다(글꼴 : 굴림, 18pt).
(2) 애니메이션 순서 : ① ⇒ ②

세부조건

① 도형 및 스마트아트 편집
– 스마트아트 디자인 :
  3차원 광택처리, 3차원 경사
– 그룹화 후 애니메이션 효과 :
  밝기 변화

② 도형 편집
– 그룹화 후 애니메이션 효과 :
  바운드

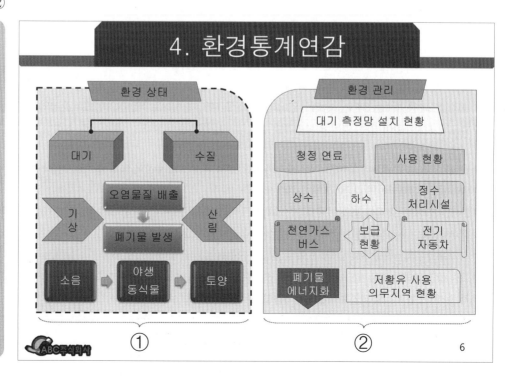

7회 기출문제

과목	코드	문제유형	시험시간	수험번호	성 명
파워포인트	1142	A	60분	12343027	

수 험 자 유 의 사 항

- 수험자는 문제지를 받는 즉시 문제지와 **수험표상의 시험과목(프로그램)이 동일한지 반드시 확인**하여야 합니다.

- 파일명은 본인의 "수험번호-성명"으로 입력하여 답안폴더(내 PC₩문서₩ITQ)에 하나의 파일로 저장해야 하며, 답안문서 파일명이 "수험번호-성명"과 일치하지 않거나, 답안파일을 전송하지 않아 미제출로 처리될 경우 실격 처리합니다 (예 : 12345678-홍길동.pptx).

- 답안 작성을 마치면 파일을 저장하고, '답안 전송' 버튼을 선택하여 감독위원 PC로 답안을 전송하십시오. 수험생 정보와 저장한 파일명이 다를 경우 전송되지 않으므로 주의하시기 바랍니다.

- 답안 작성 중에도 **주기적으로 저장하고 '답안 전송'**하여야 문제 발생을 줄일 수 있습니다. 작업한 내용을 저장하지 않고 전송할 경우 이전에 저장된 내용이 전송되오니 이점 유의하시기 바랍니다.

- 답안문서는 지정된 경로 외의 다른 보조기억장치에 저장하는 경우, 지정된 시험 시간 외에 작성된 파일을 활용할 경우, 기타 통신 수단(이메일, 메신저, 네트워크 등)을 이용하여 타인에게 전달 또는 외부 반출하는 경우는 부정 처리합니다.

- 시험 중 부주의 또는 고의로 시스템을 파손한 경우는 수험자가 변상해야 하며, <수험자 유의사항>에 기재된 방법대로 이행하지 않아 생기는 불이익은 수험생 당사자의 책임임을 알려 드립니다.

- 문제의 조건은 MS오피스 2021 버전으로 설정되어 있으며 MS오피스 2016은【 】에 표기되어 있습니다. 이와 관련하여 작성한 답안의 출력형태가 문제지와 다를 수 있습니다.

- 시험을 완료한 수험자는 답안파일이 전송되었는지 확인한 후 감독위원의 지시에 따라 문제지를 제출하고 퇴실합니다.

답 안 작 성 요 령

- 온라인 답안 작성 절차
  수험자 등록 ⇒ 시험 시작 ⇒ 답안파일 저장 ⇒ 답안 전송 ⇒ 시험 종료

- 슬라이드 크기는 A4 Paper로 설정하여 작성합니다.

- 슬라이드의 총 개수는 6개로 구성되어 있으며 슬라이드 1부터 순서대로 작업하고 반드시 문제와 세부조건대로 합니다.

- 별도의 지시사항이 없는 경우 출력형태를 참조하여 글꼴색은 검정 또는 흰색으로 작성하고, 기타사항은 전체적인 균형을 고려하여 작성합니다.

- 슬라이드 도형 및 개체에 출력형태와 다른 스타일(그림자, 외곽선 등)을 적용했을 경우 감점처리 됩니다.

- 슬라이드 번호를 작성합니다(슬라이드 1에는 생략).

- 2~6번 슬라이드 제목 도형과 하단 로고는 슬라이드 마스터를 이용하여 출력형태와 동일하게 작성합니다(슬라이드 1에는 생략).

- 문제와 세부조건, 세부조건 번호 ◌ (점선원)는 입력하지 않습니다.

- 각 객체의 위치는 오른쪽의 슬라이드와 동일하게 구성합니다.

- 그림 삽입 문제의 경우 반드시 「내 PC₩문서₩ITQ₩Picture」 폴더에서 정확한 파일을 선택하여 삽입하십시오.

- 각 슬라이드를 각각의 파일로 작업해서 저장할 경우 실격 처리됩니다.

The Insight KPC
kpc 한국생산성본부

(1) 슬라이드 크기 및 순서 : 크기를 A4 용지로 설정하고 슬라이드 순서에 맞게 작성한다.
(2) 슬라이드 마스터 : 2~6슬라이드의 제목, 하단 로고, 슬라이드 번호는 슬라이드 마스터를 이용하여 작성한다.
     – 제목 글꼴(돋움, 40pt, 흰색), 가운데 맞춤, 도형(선 없음)
     – 하단 로고(「내 PC₩문서₩ITQ₩Picture₩로고2.jpg」, 배경(회색) 투명색으로 설정)

슬라이드 1   표지 디자인   40점

(1) 표지 디자인 : 도형, 워드아트 및 그림을 이용하여 작성한다.

세부조건

① 도형 편집
– 도형에 그림 채우기 :
「내 PC₩문서₩ITQ₩Picture
₩그림3.jpg」, 투명도 50%
– 도형 효과 :
부드러운 가장자리 5포인트

② 워드아트 삽입
– 변환 : 삼각형, 위로
– 글꼴 : 돋움, 굵게
– 텍스트 반사 :
근접 반사, 4pt 오프셋

③ 그림 삽입
– 「내 PC₩문서₩ITQ₩Picture
₩로고2.jpg」
– 배경(회색) 투명색으로 설정

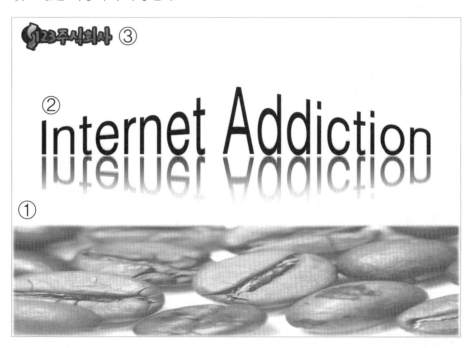

슬라이드 2   목차 슬라이드   60점

(1) 출력형태와 같이 도형을 이용하여 목차를 작성한다(글꼴 : 굴림, 24pt).
(2) 도형 : 선 없음

세부조건

① 텍스트에 하이퍼링크 적용
→ '슬라이드 5'

② 그림 삽입
– 「내 PC₩문서₩ITQ₩Picture
₩그림5.jpg」
– 자르기 기능 이용

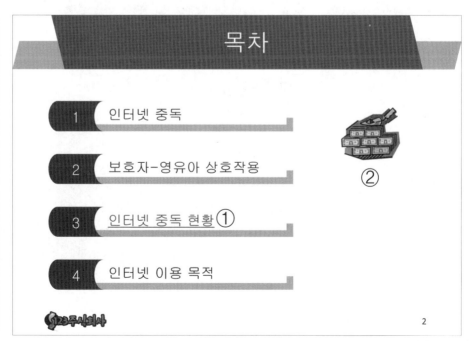

(1) 텍스트 작성 : 글머리 기호 사용(❖, ■)
❖ 문단(굴림, 24pt, 굵게, 줄간격 : 1.5줄), ■ 문단(굴림, 20pt, 줄간격 : 1.5줄)

세부조건

① 동영상 삽입 :
– 「내 PC₩문서₩ITQ₩Picture ₩동영상. wmv」
– 자동실행, 반복재생 설정

---

1. 인터넷 중독

❖ **Internet Addiction Test**

 ■ The Internet Addiction Test is the first validated and reliable measure of addictive use of the Internet

 ■ How do you know if you're already addicted or rapidly tumbling toward trouble

❖ **인터넷 중독**

 ■ 인터넷을 과다 사용하는 습관적 행위로 금단과 내성이 생겨 가정, 학교, 사회, 일상생활의 장애가 유발되는 상태

123주식회사

3

---

(1) 도형과 표 작성 기능을 이용하여 슬라이드를 작성한다(글꼴 : 돋움, 18pt).

세부조건

① 상단 도형 :
2개 도형의 조합으로 작성

② 좌측 도형 :
그라데이션 효과(선형 아래쪽)

③ 테이블 디자인 :
테마 스타일 1 – 강조 5

---

2. 보호자–영유아 상호작용

	상황	상호작용 예시
선택권 주기	자녀가 스마트폰을 보느라 밥을 먹지 않으려 함	자녀가 좋아하는 캐릭터 두 가지를 제시하며 "둘 중에 무엇으로 밥 먹을까?"
대안책 제시	자녀가 계속 스마트폰을 바닥에 던지려고 함	두드릴 수 있는 물건을 주며 "그렇게 하면 고장 나. 방망이로 두드릴 수는 있어."
놀이로 전환	외출 전 옷 입기를 거부하고 스마트폰만 보려고 함	"우리 누가 빨리 옷 입나 시합해볼까? 자, 시~작!"

123주식회사

4

(1) 차트 작성 기능을 이용하여 슬라이드를 작성한다.
(2) 차트 : 종류(묶은 세로 막대형), 글꼴(돋움, 16pt), 외곽선

세부조건

※ 차트설명
· 차트제목 : 궁서, 24pt, 굵게,
　채우기(흰색), 테두리,
　그림자(오프셋 오른쪽)
· 차트영역 : 채우기(노랑)
　그림영역 : 채우기(흰색)
· 데이터 서식 : 고위험 사용자
　계열을 표식이 있는 꺾은선형
　으로 변경 후 보조축으로 지정
· 값 표시 : 16~19세의 잠재적
　위험 사용자 계열만

① 도형 삽입
– 스타일 :
　미세효과 – 파랑, 강조1
– 글꼴 : 굴림, 18pt

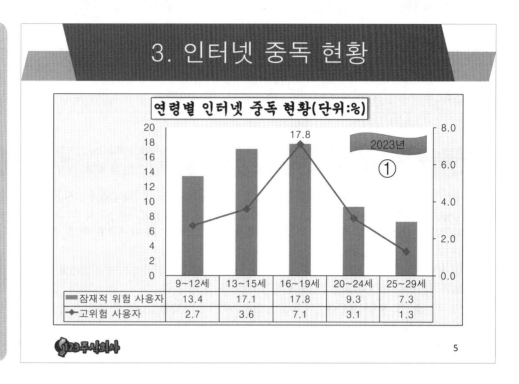

(1) 슬라이드와 같이 도형 및 스마트아트를 배치한다(글꼴 : 굴림, 18pt).
(2) 애니메이션 순서 : ① ⇒ ②

세부조건

① 도형 및 스마트아트 편집
– 스마트아트 디자인 :
　3차원 광택 처리, 3차원 만화
– 그룹화 후 애니메이션 효과 :
　닦아내기(위에서)

② 도형 편집
– 그룹화 후 애니메이션 효과 :
　바운드

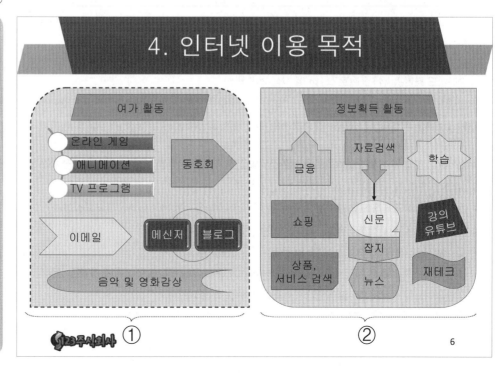

과목	코드	문제유형	시험시간	수험번호	성 명
파워포인트	1142	A	60분	12343028	

수 험 자 유 의 사 항

- 수험자는 문제지를 받는 즉시 문제지와 **수험표상의 시험과목(프로그램)이 동일한지 반드시 확인**하여야 합니다.
- 파일명은 본인의 "수험번호-성명"으로 입력하여 답안폴더(내 PC\문서\ITQ)에 하나의 파일로 저장해야 하며, 답안문서 파일명이 "수험번호-성명"과 일치하지 않거나, 답안파일을 전송하지 않아 미제출로 처리될 경우 실격 처리합니다 (예 : 12345678-홍길동.pptx).
- 답안 작성을 마치면 파일을 저장하고, '답안 전송' 버튼을 선택하여 감독위원 PC로 답안을 전송하십시오. 수험생 정보와 저장한 파일명이 다를 경우 전송되지 않으므로 주의하시기 바랍니다.
- 답안 작성 중에도 **주기적으로 저장하고 '답안 전송'**하여야 문제 발생을 줄일 수 있습니다. 작업한 내용을 저장하지 않고 전송할 경우 이전에 저장된 내용이 전송되오니 이점 유의하시기 바랍니다.
- 답안문서는 지정된 경로 외의 다른 보조기억장치에 저장하는 경우, 지정된 시험 시간 외에 작성된 파일을 활용할 경우, 기타 통신 수단(이메일, 메신저, 네트워크 등)을 이용하여 타인에게 전달 또는 외부 반출하는 경우는 부정 처리합니다.
- 시험 중 부주의 또는 고의로 시스템을 파손한 경우는 수험자가 변상해야 하며, <수험자 유의사항>에 기재된 방법대로 이행하지 않아 생기는 불이익은 수험생 당사자의 책임임을 알려 드립니다.
- 문제의 조건은 MS오피스 2021 버전으로 설정되어 있으며 MS오피스 2016은【 】에 표기되어 있습니다. 이와 관련하여 작성한 답안의 출력형태가 문제지와 다를 수 있습니다.
- 시험을 완료한 수험자는 답안파일이 전송되었는지 확인한 후 감독위원의 지시에 따라 문제지를 제출하고 퇴실합니다.

답 안 작 성 요 령

- 온라인 답안 작성 절차
  수험자 등록 ⇒ 시험 시작 ⇒ 답안파일 저장 ⇒ 답안 전송 ⇒ 시험 종료
- 슬라이드 크기는 A4 Paper로 설정하여 작성합니다.
- 슬라이드의 총 개수는 6개로 구성되어 있으며 슬라이드 1부터 순서대로 작업하고 반드시 문제와 세부조건대로 합니다.
- 별도의 지시사항이 없는 경우 출력형태를 참조하여 글꼴색은 검정 또는 흰색으로 작성하고, 기타사항은 전체적인 균형을 고려하여 작성합니다.
- 슬라이드 도형 및 개체에 출력형태와 다른 스타일(그림자, 외곽선 등)을 적용했을 경우 감점처리 됩니다.
- 슬라이드 번호를 작성합니다(슬라이드 1에는 생략).
- 2~6번 슬라이드 제목 도형과 하단 로고는 슬라이드 마스터를 이용하여 출력형태와 동일하게 작성합니다(슬라이드 1에는 생략).
- 문제와 세부조건, 세부조건 번호 ◌ (점선원)는 입력하지 않습니다.
- 각 객체의 위치는 오른쪽의 슬라이드와 동일하게 구성합니다.
- 그림 삽입 문제의 경우 반드시 「내 PC\문서\ITQ\Picture」 폴더에서 정확한 파일을 선택하여 삽입하십시오.
- 각 슬라이드를 각각의 파일로 작업해서 저장할 경우 실격 처리됩니다.

The Insight KPC
kpc 한국생산성본부

(1) 슬라이드 크기 및 순서 : 크기를 A4 용지로 설정하고 슬라이드 순서에 맞게 작성한다.
(2) 슬라이드 마스터 : 2~6슬라이드의 제목, 하단 로고, 슬라이드 번호는 슬라이드 마스터를 이용하여 작성한다.
　　－ 제목 글꼴(돋움, 40pt, 흰색), 가운데 맞춤, 도형(선 없음)
　　－ 하단 로고(「내 PC₩문서₩ITQ₩Picture₩로고2.jpg」, 배경(회색) 투명색으로 설정)

슬라이드 1　　표지 디자인 40점

(1) 표지 디자인 : 도형, 워드아트 및 그림을 이용하여 작성한다.

세부조건

① 도형 편집
－ 도형에 그림 채우기 :
　「내 PC₩문서₩ITQ₩Picture
　₩그림3.jpg」, 투명도 50%
－ 도형 효과 :
　부드러운 가장자리 5포인트

② 워드아트 삽입
－ 변환 : 수축, 위쪽
－ 글꼴 : 돋움, 굵게
－ 반사 : 전체 반사, 8pt 오프셋

③ 그림 삽입
－ 「내 PC₩문서₩ITQ₩Picture
　₩로고1.jpg」
－ 배경(회색) 투명색으로 설정

슬라이드 2　　목차 슬라이드 60점

(1) 출력형태와 같이 도형을 이용하여 목차를 작성한다(글꼴 : 굴림, 24pt).
(2) 도형 : 선 없음

세부조건

① 텍스트에 하이퍼링크 적용
→ '슬라이드6'

② 그림 삽입
－ 「내 PC₩문서₩ITQ₩Picture
　₩그림5.jpg」
－ 자르기 기능 이용

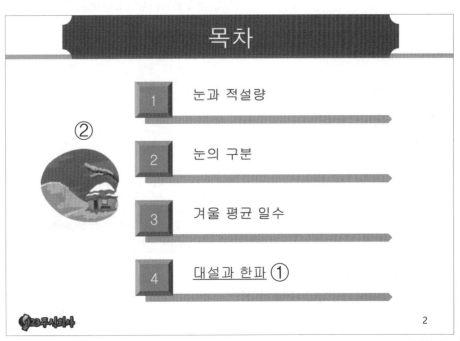

(1) 텍스트 작성 : 글머리 기호 사용(❖, ➤)

❖문단(돋움, 24pt, 굵게, 줄간격 : 1.5줄), ➤문단(돋움, 20pt, 줄간격 : 1.5줄)

세부조건

① 동영상 삽입 :
– 「내 PC₩문서₩ITQ₩Picture ₩동영상. wmv」
– 자동실행, 반복재생 설정

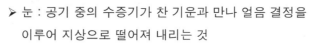

1. 눈과 적설량

❖ **Snow and Snowfall**

➤ The snow is precipitation in the form of flakes of crystalline water ice that fall from clouds

➤ The snowfall in an area is the amount of snow that falls there during a particular period

❖ **눈과 적설량의 의미**

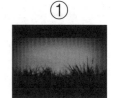

➤ 눈 : 공기 중의 수증기가 찬 기운과 만나 얼음 결정을 이루어 지상으로 떨어져 내리는 것

➤ 적설량 : 눈이 내려 땅에 쌓인 양의 깊이를 직접 관측 하는 것

3

(1) 도형과 표 작성 기능을 이용하여 슬라이드를 작성한다(글꼴 : 돋움, 18pt).

세부조건

① 상단 도형 :
2개 도형의 조합으로 작성

② 좌측 도형 :
그라데이션 효과(선형 아래쪽)

③ 테이블 디자인 :
테마 스타일 1 – 강조 6

2. 눈의 구분

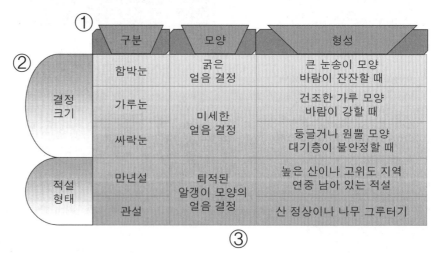

구분		모양	형성
결정 크기	함박눈	굵은 얼음 결정	큰 눈송이 모양 바람이 잔잔할 때
	가루눈	미세한 얼음 결정	건조한 가루 모양 바람이 강할 때
	싸락눈		둥글거나 원뿔 모양 대기층이 불안정할 때
적설 형태	만년설	퇴적된 알갱이 모양의 얼음 결정	높은 산이나 고위도 지역 연중 남아 있는 적설
	관설		산 정상이나 나무 그루터기

4

(1) 차트 작성 기능을 이용하여 슬라이드를 작성한다.
(2) 차트 : 종류(묶은 세로 막대형), 글꼴(굴림, 16pt), 외곽선

세부조건

※ 차트설명
· 차트제목 : 궁서, 24pt, 굵게,
  채우기(흰색), 테두리,
  그림자(오프셋 아래쪽)
· 차트영역 : 채우기(노랑)
  그림영역 : 채우기(흰색)
· 데이터 서식 : '최근 10년 평균'
  계열을 표식이 있는
  꺾은선형으로 변경 후
  보조축으로 지정
· 값표시 : 서울의 30년 평균
  계열만

① 도형 삽입
– 스타일 :
  미세효과 – 파랑, 강조1
– 글꼴 : 돋움, 18pt

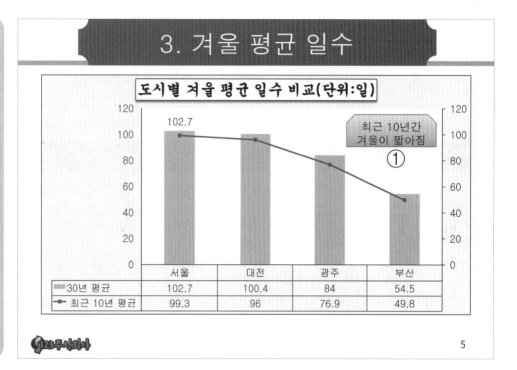

(1) 슬라이드와 같이 도형 및 스마트아트를 배치한다(글꼴 : 굴림, 18pt).
(2) 애니메이션 순서 : ① ⇒ ②

세부조건

① 도형 및 스마트아트 편집
– 스마트아트 디자인 :
  3차원 광택 처리, 3차원 만화
– 그룹화 후 애니메이션 효과 :
  시계 방향 회전(살 1개)

② 도형 편집
그룹화 후 애니메이션 효과 :
바운드

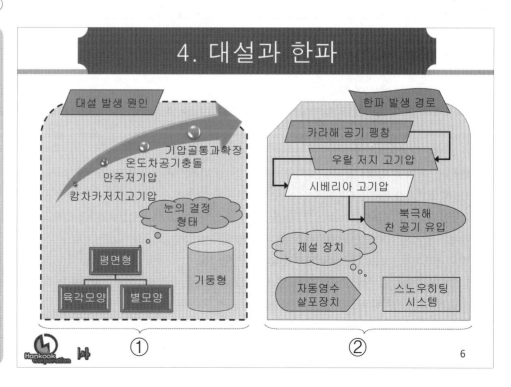

9회 기출문제

무료 동영상

과목	코드	문제유형	시험시간	수험번호	성 명
파워포인트	1142	A	60분	12343029	

수 험 자 유 의 사 항

- 수험자는 문제지를 받는 즉시 문제지와 **수험표상의 시험과목(프로그램)이 동일한지 반드시 확인**하여야 합니다.
- 파일명은 본인의 "수험번호-성명"으로 입력하여 답안폴더(내 PC\문서\ITQ)에 하나의 파일로 저장해야 하며, 답안문서 파일명이 "수험번호-성명"과 일치하지 않거나, 답안파일을 전송하지 않아 미제출로 처리될 경우 실격 처리합니다 (예 : 12345678-홍길동.pptx).
- 답안 작성을 마치면 파일을 저장하고, '답안 전송' 버튼을 선택하여 감독위원 PC로 답안을 전송하십시오. 수험생 정보와 저장한 파일명이 다를 경우 전송되지 않으므로 주의하시기 바랍니다.
- 답안 작성 중에도 **주기적으로 저장하고 '답안 전송'**하여야 문제 발생을 줄일 수 있습니다. 작업한 내용을 저장하지 않고 전송할 경우 이전에 저장된 내용이 전송되오니 이점 유의하시기 바랍니다.
- 답안문서는 지정된 경로 외의 다른 보조기억장치에 저장하는 경우, 지정된 시험 시간 외에 작성된 파일을 활용할 경우, 기타 통신 수단(이메일, 메신저, 네트워크 등)을 이용하여 타인에게 전달 또는 외부 반출하는 경우는 부정 처리합니다.
- 시험 중 부주의 또는 고의로 시스템을 파손한 경우는 수험자가 변상해야 하며, <수험자 유의사항>에 기재된 방법대로 이행하지 않아 생기는 불이익은 수험생 당사자의 책임임을 알려 드립니다.
- 문제의 조건은 MS오피스 2021 버전으로 설정되어 있으며 MS오피스 2016은【 】에 표기되어 있습니다. 이와 관련하여 작성한 답안의 출력형태가 문제지와 다를 수 있습니다.
- 시험을 완료한 수험자는 답안파일이 전송되었는지 확인한 후 감독위원의 지시에 따라 문제지를 제출하고 퇴실합니다.

답 안 작 성 요 령

- 온라인 답안 작성 절차
  수험자 등록 ⇒ 시험 시작 ⇒ 답안파일 저장 ⇒ 답안 전송 ⇒ 시험 종료
- 슬라이드 크기는 A4 Paper로 설정하여 작성합니다.
- 슬라이드의 총 개수는 6개로 구성되어 있으며 슬라이드 1부터 순서대로 작업하고 반드시 문제와 세부조건대로 합니다.
- 별도의 지시사항이 없는 경우 출력형태를 참조하여 글꼴색은 검정 또는 흰색으로 작성하고, 기타사항은 전체적인 균형을 고려하여 작성합니다.
- 슬라이드 도형 및 개체에 출력형태와 다른 스타일(그림자, 외곽선 등)을 적용했을 경우 감점처리 됩니다.
- 슬라이드 번호를 작성합니다(슬라이드 1에는 생략).
- 2~6번 슬라이드 제목 도형과 하단 로고는 슬라이드 마스터를 이용하여 출력형태와 동일하게 작성합니다(슬라이드 1에는 생략).
- 문제와 세부조건, 세부조건 번호 ○ (점선원)는 입력하지 않습니다.
- 각 객체의 위치는 오른쪽의 슬라이드와 동일하게 구성합니다.
- 그림 삽입 문제의 경우 반드시 「내 PC\문서\ITQ\Picture」 폴더에서 정확한 파일을 선택하여 삽입하십시오.
- 각 슬라이드를 각각의 파일로 작업해서 저장할 경우 실격 처리됩니다.

The Insight KPC
kpc 한국생산성본부

(1) 슬라이드 크기 및 순서 : 크기를 A4 용지로 설정하고 슬라이드 순서에 맞게 작성한다.
(2) 슬라이드 마스터 : 2~6슬라이드의 제목, 하단 로고, 슬라이드 번호는 슬라이드 마스터를 이용하여 작성한다.
  - 제목 글꼴(돋움, 40pt, 흰색), 가운데 맞춤, 도형(선 없음)
  - 하단 로고(「내 PC₩문서₩ITQ₩Picture₩로고1.jpg」, 배경(회색) 투명색으로 설정)

슬라이드 1 표지 디자인 40점

(1) 표지 디자인 : 도형, 워드아트 및 그림을 이용하여 작성한다.

세부조건

① 도형 편집
- 도형에 그림 채우기 :
  「내 PC₩문서₩ITQ₩Picture
  ₩그림1.jpg」, 투명도 50%
- 도형 효과 :
  부드러운 가장자리 5포인트

② 워드아트 삽입
- 변환 : 갈매기형 수장, 위로
- 글꼴 : 굴림, 굵게
- 반사 : 근접 반사, 터치

③ 그림 삽입
- 「내 PC₩문서₩ITQ₩Picture
  ₩로고1.jpg」
- 배경(회색) 투명색으로 설정

슬라이드 2 목차 슬라이드 60점

(1) 출력형태와 같이 도형을 이용하여 목차를 작성한다(글꼴 : 돋움, 24pt).
(2) 도형 : 선 없음

세부조건

① 텍스트에 하이퍼링크 적용
→ '슬라이드 4'

② 그림 삽입
- 「내 PC₩문서₩ITQ₩Picture
  ₩그림4.jpg」
- 자르기 기능 이용

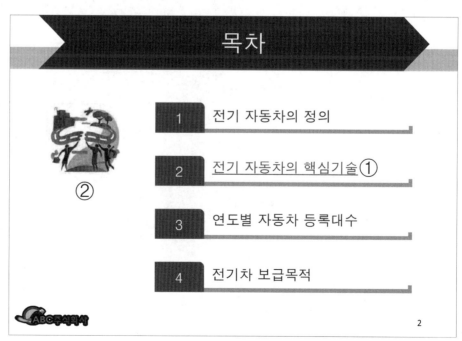

(1) 텍스트 작성 : 글머리 기호 사용(➤, ✓)
  ➤ 문단(굴림, 24pt, 굵게, 줄간격 : 1.5줄), ✓ 문단(굴림, 20pt, 줄간격 : 1.5줄)

세부조건
① 동영상 삽입 :
– 「내 PC₩문서₩ITQ₩Picture
  ₩동영상. wmv」
– 자동실행, 반복재생 설정

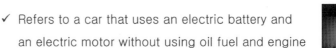

1. 전기 자동차의 정의

➤ **Electric Vehicle**

  ✓ Refers to a car that uses an electric battery and
    an electric motor without using oil fuel and engine

  ✓ They can reach maximum acceleration in half the
    time of a normal car

➤ **전기 자동차**

  ✓ 외부 공급원으로부터 충전된 전기에너지를 이용하여 주행하는
    전력기반 자동차로서, 전기에너지를 배터리에 저장하고 모터로
    공급하여 구동력을 발생시킴

ABC주식회사

3

---

(1) 도형과 표 작성 기능을 이용하여 슬라이드를 작성한다(글꼴 : 굴림, 18pt).

세부조건
① 상단 도형 :
  2개 도형의 조합으로 작성

② 좌측 도형 :
  그라데이션 효과(선형 아래쪽)

③ 테이블 디자인 :
  테마 스타일 1 – 강조 5

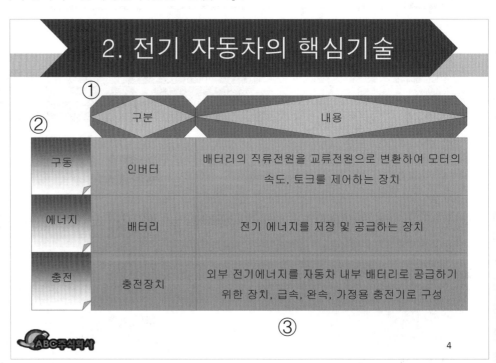

2. 전기 자동차의 핵심기술

구분		내용
구동	인버터	배터리의 직류전원을 교류전원으로 변환하여 모터의 속도, 토크를 제어하는 장치
에너지	배터리	전기 에너지를 저장 및 공급하는 장치
충전	충전장치	외부 전기에너지를 자동차 내부 배터리로 공급하기 위한 장치, 급속, 완속, 가정용 충전기로 구성

ABC주식회사

4

(1) 차트 작성 기능을 이용하여 슬라이드를 작성한다.
(2) 차트 : 종류(묶은 세로 막대형), 글꼴(돋움, 16pt), 외곽선

세부조건

※ 차트설명
· 차트제목 : 궁서, 24pt, 굵게,
  채우기(흰색), 테두리,
  그림자(오프셋 오른쪽)
· 차트영역 : 채우기(노랑)
  그림영역 : 채우기(흰색)
· 데이터 서식 : 증가율(%) 계열
  을 표식이 있는 꺾은선형으로
  변경 후 보조축으로 지정
· 값 표시 : 2022년의
  등록대수(만대) 계열만

① 도형 삽입
- 스타일 :
  미세효과 – 파랑, 강조1
- 글꼴 : 굴림, 18pt

(1) 슬라이드와 같이 도형 및 스마트아트를 배치한다(글꼴 : 돋움, 18pt).
(2) 애니메이션 순서 : ① ⇒ ②

세부조건

① 도형 및 스마트아트 편집
- 스마트아트 디자인 :
  3차원 벽돌, 3차원 만화
- 그룹화 후 애니메이션 효과 :
  닦아내기(위에서)

② 도형 편집
- 그룹화 후 애니메이션 효과 :
  회전

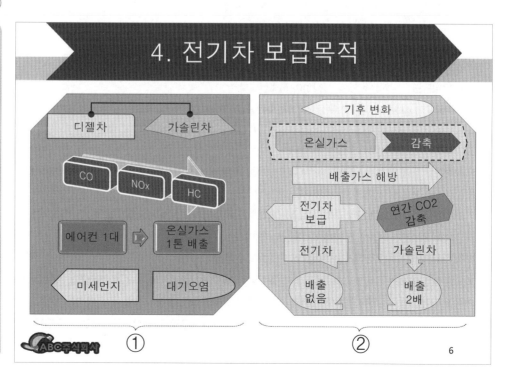

기출문제

과목	코드	문제유형	시험시간	수험번호	성 명
파워포인트	1142	A	60분	12343030	

수 험 자 유 의 사 항

- 수험자는 문제지를 받는 즉시 문제지와 **수험표상의 시험과목(프로그램)이 동일한지 반드시 확인**하여야 합니다.
- 파일명은 본인의 "수험번호-성명"으로 입력하여 답안폴더(내 PC\문서\ITQ)에 하나의 파일로 저장해야 하며, 답안문서 파일이 "수험번호-성명"과 일치하지 않거나, 답안파일을 전송하지 않아 미제출로 처리될 경우 실격 처리합니다 (예 : 12345678-홍길동.pptx).
- 답안 작성을 마치면 파일을 저장하고, '답안 전송' 버튼을 선택하여 감독위원 PC로 답안을 전송하십시오. 수험생 정보와 저장한 파일명이 다를 경우 전송되지 않으므로 주의하시기 바랍니다.
- 답안 작성 중에도 **주기적으로 저장하고 '답안 전송'**하여야 문제 발생을 줄일 수 있습니다. 작업한 내용을 저장하지 않고 전송할 경우 이전에 저장된 내용이 전송되오니 이점 유의하시기 바랍니다.
- 답안문서는 지정된 경로 외의 다른 보조기억장치에 저장하는 경우, 지정된 시험 시간 외에 작성된 파일을 활용할 경우, 기타 통신 수단(이메일, 메신저, 네트워크 등)을 이용하여 타인에게 전달 또는 외부 반출하는 경우는 부정 처리합니다.
- 시험 중 부주의 또는 고의로 시스템을 파손한 경우는 수험자가 변상해야 하며, 〈수험자 유의사항〉에 기재된 방법대로 이행하지 않아 생기는 불이익은 수험생 당사자의 책임임을 알려 드립니다.
- 문제의 조건은 MS오피스 2021 버전으로 설정되어 있으며 MS오피스 2016은【 】에 표기되어 있습니다. 이와 관련하여 작성한 답안의 출력형태가 문제지와 다를 수 있습니다.
- 시험을 완료한 수험자는 답안파일이 전송되었는지 확인한 후 감독위원의 지시에 따라 문제지를 제출하고 퇴실합니다.

답 안 작 성 요 령

- 온라인 답안 작성 절차
  수험자 등록 ⇒ 시험 시작 ⇒ 답안파일 저장 ⇒ 답안 전송 ⇒ 시험 종료
- 슬라이드 크기는 A4 Paper로 설정하여 작성합니다.
- 슬라이드의 총 개수는 6개로 구성되어 있으며 슬라이드 1부터 순서대로 작업하고 반드시 문제와 세부조건대로 합니다.
- 별도의 지시사항이 없는 경우 출력형태를 참조하여 글꼴색은 검정 또는 흰색으로 작성하고, 기타사항은 전체적인 균형을 고려하여 작성합니다.
- 슬라이드 도형 및 개체에 출력형태와 다른 스타일(그림자, 외곽선 등)을 적용했을 경우 감점처리 됩니다.
- 슬라이드 번호를 작성합니다(슬라이드 1에는 생략).
- 2~6번 슬라이드 제목 도형과 하단 로고는 슬라이드 마스터를 이용하여 출력형태와 동일하게 작성합니다(슬라이드 1에는 생략).
- 문제와 세부조건, 세부조건 번호 ◌ (점선원)는 입력하지 않습니다.
- 각 객체의 위치는 오른쪽의 슬라이드와 동일하게 구성합니다.
- 그림 삽입 문제의 경우 반드시 「내 PC\문서\ITQ\Picture」 폴더에서 정확한 파일을 선택하여 삽입하십시오.
- 각 슬라이드를 각각의 파일로 작업해서 저장할 경우 실격 처리됩니다.

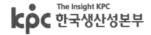

(1) 슬라이드 크기 및 순서 : 크기를 A4 용지로 설정하고 슬라이드 순서에 맞게 작성한다.
(2) 슬라이드 마스터 : 2~6슬라이드의 제목, 하단 로고, 슬라이드 번호는 슬라이드 마스터를 이용하여 작성한다.
  – 제목 글꼴(돋움, 40pt, 흰색), 가운데 맞춤, 도형(선 없음)
  – 하단 로고(「내 PC₩문서₩ITQ₩Picture₩로고2.jpg」, 배경(회색) 투명색으로 설정)

슬라이드 1 　　표지 디자인 　40점

(1) 표지 디자인 : 도형, 워드아트 및 그림을 이용하여 작성한다.

세부조건

① 도형 편집
- 도형에 그림 채우기 :
 「내 PC₩문서₩ITQ₩Picture
 ₩그림1.jpg」, 투명도 50%
- 도형 효과 :
 부드러운 가장자리 5포인트

② 워드아트 삽입
- 변환 : 삼각형, 위로
- 글꼴 : 돋움, 굵게
- 반사 : 근접 반사, 4pt 오프셋

③ 그림 삽입
-「내 PC₩문서₩ITQ₩Picture
 ₩로고2.jpg」
- 배경(회색) 투명색으로 설정

슬라이드 2 　　목차 슬라이드 　60점

(1) 출력형태와 같이 도형을 이용하여 목차를 작성한다(글꼴 : 굴림, 24pt).
(2) 도형 : 선 없음

세부조건

① 텍스트에 하이퍼링크 적용
→ '슬라이드 5'

② 그림 삽입
-「내 PC₩문서₩ITQ₩Picture
 ₩그림4.jpg」
- 자르기 기능 이용

목차

1 양자 컴퓨터의 의미

2 기존 컴퓨터와 양자 컴퓨터 비교

3 양자 컴퓨팅 시장 전망 ①

4 양자 컴퓨터 활용 분야

②

(1) 텍스트 작성 : 글머리 기호 사용(❖, ■)

　　❖문단(굴림, 24pt, 굵게, 줄간격 : 1.5줄), ■문단(굴림, 20pt, 줄간격 : 1.5줄)

세부조건

① 동영상 삽입 :
- 「내 PC\문서\ITQ\Picture\동영상. wmv」
- 자동실행, 반복재생 설정

---

1. 양자 컴퓨터의 의미

❖ **Quantum Computing**

- Quantum computing is computing using quantum-mechanical phenomena, such as superposition and entanglement
- A quantum computer is a device that performs quantum computing

❖ **양자 컴퓨터**

- 중첩(0이면서 동시에 1인 상태), 얽힘 등 양자의 고유한 물리학적 특성을 이용하여 다수의 정보를 빠른 속도로 동시 처리할 수 있는 컴퓨터

123주식회사

3

---

(1) 도형과 표 작성 기능을 이용하여 슬라이드를 작성한다(글꼴 : 돋움, 18pt).

세부조건

① 상단 도형 :
　2개 도형의 조합으로 작성

② 좌측 도형 :
　그라데이션 효과(선형 아래쪽)

③ 테이블 디자인 :
　테마 스타일 1 – 강조 5

---

2. 기존 컴퓨터와 양자 컴퓨터 비교

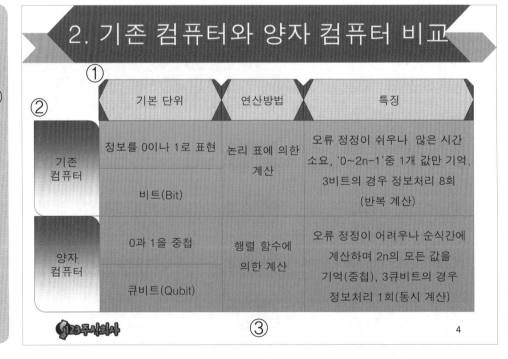

	기본 단위	연산방법	특징
기존 컴퓨터	정보를 0이나 1로 표현	논리 표에 의한 계산	오류 정정이 쉬우나 많은 시간 소요, '0~2n-1'중 1개 값만 기억, 3비트의 경우 정보처리 8회 (반복 계산)
	비트(Bit)		
양자 컴퓨터	0과 1을 중첩	행렬 함수에 의한 계산	오류 정정이 어려우나 순식간에 계산하며 2n의 모든 값을 기억(중첩), 3큐비트의 경우 정보처리 1회(동시 계산)
	큐비트(Qubit)		

123주식회사

4

(1) 차트 작성 기능을 이용하여 슬라이드를 작성한다.
(2) 차트 : 종류(묶은 세로 막대형), 글꼴(돋움, 16pt), 외곽선

세부조건

※ 차트설명
· 차트제목 : 궁서, 24pt, 굵게,
　채우기(흰색), 테두리,
　그림자(오프셋 오른쪽)
· 차트영역 : 채우기(노랑)
　그림영역 : 채우기(흰색)
· 데이터 서식 : 국내시장 계열을
　표식이 있는 꺾은선형으로 변경
　후 보조축으로 지정
· 값 표시 : 2020년의 세계시장
　계열만

① 도형 삽입
－ 스타일 :
　미세효과 － 파랑, 강조1
－ 글꼴 : 굴림, 18pt

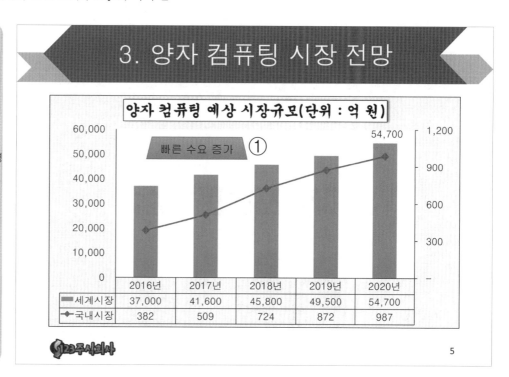

(1) 슬라이드와 같이 도형 및 스마트아트를 배치한다(글꼴 : 굴림, 18pt).
(2) 애니메이션 순서 : ① ⇒ ②

세부조건

① 도형 및 스마트아트 편집
－ 스마트아트 디자인 :
　3차원 광택 처리, 3차원 만화
－ 그룹화 후 애니메이션 효과 :
　닦아내기(위에서)

② 도형 편집
그룹화 후 애니메이션 효과 :
바운드

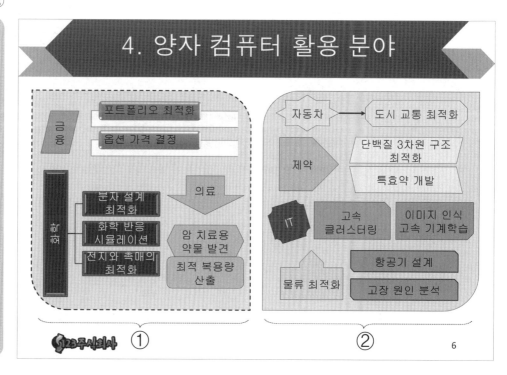

iTQ 파워포인트 2021

2024. 1. 10. 초 판 1쇄 발행
2025. 2. 12. 개정증보 1판 1쇄 발행

저자와의
협의하에
검인생략

지은이 │ 한정수, IT연구회
펴낸이 │ 이종춘
펴낸곳 │ **BM** ㈜도서출판 **성안당**

주소 │ 04032 서울시 마포구 양화로 127 첨단빌딩 3층(출판기획 R&D 센터)
    │ 10881 경기도 파주시 문발로 112 파주 출판 문화도시(제작 및 물류)
전화 │ 02) 3142-0036
    │ 031) 950-6300
팩스 │ 031) 955-0510
등록 │ 1973. 2. 1. 제406-2005-000046호
출판사 홈페이지 │ **www.cyber.co.kr**
도서 내용 문의 │ thismore@hanmail.net
ISBN │ 978-89-315-8303-8 (13000)
정가 │ **19,000원**

이 책을 만든 사람들
책임 │ 최옥현
진행 │ 최창동
본문 디자인 │ 인투
표지 디자인 │ 박원석
홍보 │ 김계향, 임진성, 김주승, 최정민
국제부 │ 이선민, 조혜란
마케팅 │ 구본철, 차정욱, 오영일, 나진호, 강호묵
마케팅 지원 │ 장상범
제작 │ 김유석